U0448916

Freedom—Not License!

自由，不是放纵
——夏山校长答父母问

［英］A.S.尼尔 著

王剑 译

中信出版集团 | 北京

图书在版编目（CIP）数据

自由，不是放纵：夏山校长答父母问/（英）A.S.
尼尔著；王剑译. -- 北京：中信出版社，2024.10.
ISBN 978-7-5217-6802-2

Ⅰ . G78

中国国家版本馆 CIP 数据核字第 2024T1J704 号

自由，不是放纵——夏山校长答父母问
著者： ［英］A.S. 尼尔
译者： 王剑
出版发行：中信出版集团股份有限公司
（北京市朝阳区东三环北路 27 号嘉铭中心　邮编　100020）
承印者： 北京盛通印刷股份有限公司

开本：880mm×1230mm　1/32　　印张：7　　字数：150 千字
版次：2024 年 10 月第 1 版　　　　印次：2024 年 10 月第 1 次印刷
书号：ISBN 978-7-5217-6802-2
定价：49.00 元

版权所有·侵权必究
如有印刷、装订问题，本公司负责调换。
服务热线：400-600-8099
投稿邮箱：author@citicpub.com

推荐语

这是一本值得父母们去阅读的有深度的好书。文中来信提及的都是一些深入生活深处的问题，能够引起万千父母的共鸣。A.S.尼尔在某种程度上是孩子们的"代言人"，这是孩子与父母之间的一场对话，可以引起读者对原生家庭问题的思考。他分析了父母身上的问题，有些是心理学上的无意识行为，有些是我们未曾思考过的人性视角。作者给出的答复使父母们不仅能更好地理解孩子，也会更理解自己言行背后的深层次原因。

彭凯平

清华大学社会科学学院原院长、心理学系首任系主任

中国国际积极心理学大会执行主席

有两种基本的人性，一种是寻求即刻满足、肉眼可见的、满足最基本欲望的人性；一种是需要忍耐、不寻求即刻满足、需要用心去体验发展、目的在于长久地满足人的成长与内心最深处良知的人性。在教育中，前者叫作功利教育，它把人物化、异化、工具化，它可以为了眼下的分数、成绩不择手段，它制造焦虑、抑郁、网络成瘾乃至自残或自杀，是"聪明"而愚蠢的教育，它制造疾病与恶。

后者是育人和良知教育，它从天真、好奇与善良出发，培育美德、和平与文化，它寻求人生美好的意义与价值，它创造快乐、文明与进步，是一切心理困扰的良药，是"笨拙"而智慧的教育，它使得疗愈和善发生。一部人类教育史，始终是这样的两种教育相互交织的过程，当功利教育横行时，孩子们焦虑、抑郁、厌学和空心。当育人教育发展时，孩子们快乐、平和、富有创造力和拥有美德。

从中国"晓庄学校"的陶行知到英国夏山学校的尼尔，这些真正的、令人敬佩的教育家，是美好世界的缔造者。本书正是向教师和父母们传播育人与良知教育的著作，没有大道理，都是教育孩子中点点滴滴的经验和思考，充满启发，也是为越来越"内卷"的教育开出的一剂良方。

徐凯文

北京大学临床心理学博士、副教授

精神科医师、大儒心理创始人

《自由，不是放纵》这本书的书名就非常吸引我。作为一个家长，我也和很多人一样，常常困惑和纠结，也会经常问自己：我这样做对吗？……这本书里的问题都是我所关心的问题，读完它，我觉得豁然开朗。也许你不一定认同书中的所有观点，但你绝对会获得一个不同的视角。

这本书给了作为家长的我们一个很好的成长机会。

毛诗篇

此念文化创始人

教育，不应只是培养高分考生，教育最重要的是培养人——建设开放、多元的生命群落，发展完整的人格。很多父母担心：给予了自由，孩子会不会放纵、散漫？请在尼尔的这本答疑录中找答案。

詹大年
昆明丑小鸭中学校长

A.S. 尼尔在告诉大人们，当我们遗忘了孩子的天性的时候，我们是怎么在无意识中由一个教育者变成了一个伤害者，孩子又是怎样从一个该被爱的人变成了一个受伤的人。而阅读本书的过程，同样是我们自己的天性复苏的过程，那感觉就像捉迷藏的人最后找到了他自己。聪明的家长在这本书里获得教育的真言，智慧的家长在这本书里获得生命的真谛，以及、爱的真理。然后，我们的孩子自此可能真的会——不后悔来到这个世界上。

亓昕
心理咨询师

《自由，不是放纵》提醒我，面对孩子时不可仓促，不可虚伪。补充说明：这本书带给我的最大启发是，教育可以分享的是价值观层面的认知，而不是技术层面的方法。因为具体到一个问题的解决上，方法可以是多样的，父母有权做出自己觉得合适的选择。但保证这个方法有效的，是一系列同一价值观下的连续行为。

我希望这本书能火起来，这样就有很多的孩子能被更好地对待。

海边的石头叔
教育博主

目录 Contents

推荐序一 袁希　　　　　　I
推荐序二 崔涛　　　　　　V

本书是关于什么的　　　　01
自由，不是放纵！　　　　05
自我调节　　　　　　　　15

反生命态度　　　　　　　21

礼貌　　　　　　　　　　　23
义务和责任　　　　　　　　27
尊重　　　　　　　　　　　32
墨守成规　　　　　　　　　35
不诚实　　　　　　　　　　36
歧视　　　　　　　　　　　39

学校   43

    家庭作业   59

性   61

    性教育   63
    手淫   64
    裸体   66
    男性气质和女性气质   67
    月经   68
    避孕措施   69
    同性恋   72

影响孩子   75

    职业   81
    审查   84
    不良同伴   86
    性格塑造   88
    婚姻   94

童年问题   **99**

打屁股   102
破坏性   105
欺凌和打架   109
说谎   113
偷窃   117
生闷气   120
电视   121
食物和饮食   123
吮吸拇指   125
睡觉   126
玩具   128
幻想   130

青春期问题   **133**

晚归   135
说脏话   140
开车   144
抽烟   146
喝酒   150
化妆   152
衣物   154

金钱　　　　　　　　　　157
限制　　　　　　　　　　160
反抗　　　　　　　　　　161

家庭矛盾　　　　　　　165

父母之间的分歧　　　　　167
祖父母　　　　　　　　　174
破碎的家　　　　　　　　175
手足之争　　　　　　　　177
领养　　　　　　　　　　180
父母的态度　　　　　　　183

治疗　　　　　　　　　185

恐惧　　　　　　　　　　187
口吃　　　　　　　　　　190
心理治疗　　　　　　　　191
内向　　　　　　　　　　199

最后的话　　　　　　　201

推荐序一

袁希

教育产业投资人

A.S. 尼尔的教育哲学核心是"自由,而不是放纵"。他认为儿童天生(以及人类本性)是善良的,不需要被成人驱使或强迫去表现出理想的行为,他们的自然状态是正直和令人满意的,自然倾向并非不道德。如果不加干预,儿童会成长为能自我调节、理性和具有伦理的成年人。尼尔认为教育的目的是让孩子们在生活中感到快乐和有兴趣,孩子们需要被给予寻找自身兴趣的自由。如果儿童被剥夺了个人自由,就会导致压抑和心理失调。

随着升学带来的压力与日俱增,越来越多的父母把自己的资源几乎全部倾注于孩子身上,这非但没有让更多的孩子享受到经济发展带来的美好,反而让他们陷入无限疲累的盲目刷题中。有些家长其实并不知道为什么要拼命"卷孩子",只是因为"别人都这样,我不这样就被落下啦","过了今天再说明天的事"。家庭把大部分财力和精力放在了课业补习上,而不是让孩子体验生活、探索世界、批判所获得的知识并在总结后创造性地生成自己的观点。

每每听到儿子从学校回来问我"为什么老师、同学不能好好说话"这个问题时,我就感觉到心痛。本来很普通的平和状态,在今天内卷的教育时代却变得稀缺。有太多时候,老师迷茫、家长迷茫，孩子不仅困惑还毫无生气可言。而另一方面，教育的成与败往往有严重的时间滞后性。没有人能够耐心等到20年后再回过头来探索那时的成败与此刻教育之间的关系。

由于我多年在教育产业摸爬滚打，也有过短暂的北美高校工作经验，我切身体会到东西方教育理念上的鸿沟。诚然，不同国家、不同文化背后对教育的理解不同，但其实不同文明背后教育的核心都是人而非冰冷的成绩。如今，在大范围的"催眠"下，一个又一个精力充沛、充满求知欲的孩子变得眼中无光、毫无生气。而我能做的，似乎只有顶住巨大的压力、决不妥协，尽可能给自己的孩子宽松的环境，因为我知道，这种妥协不是以牺牲成年人自身为代价的，它牺牲的是孩子未来生而为人的幸福感。

尼尔的这本书对今天的父母来说意义重大，在面对从日常的琐碎生活到对孩子的战略性培养的过程中，这本书简直就是一部操作手册，我自己也记了十几页的笔记。尼尔让我们能够直接对照书中的内容去思考我们与孩子相处过程中遇到的各种问题。同时，很多问题的解决方案都是开创性的，灵活且颇富启迪意义。

比如关于礼貌的部分，一位家长因为孩子在餐桌上没有礼节、冒犯到成年人而感到困惑。而尼尔在给予解答的时候会首先引发这位家长思考——应该教孩子礼节吗？礼貌和礼节是一回事吗？他告诉那位家长的同时也启发了我，孩子吃饭时舔盘子是一种自然而然的事情，是天性，而天性是最纯然的。但若孩子嘲笑别人，在夏山学校反而会被重视，校委会会毫不含糊地告诉违规者，学校不喜欢嘲笑别人这种不礼貌的行为。随着年龄增长，能够自我调节的孩子会变得足够明智，学会那些称之为"礼节"的表面客套。短短几行文字让我脸红、懊恼和内疚。因为就在前不久，我因为我家小儿子在餐桌上着急吃饭时发出吧唧嘴的声音而斥责他,恰恰忽略了那是他饥饿时吃东西的自然表现。一个自由的孩子不用牺牲自己的真诚就能学会自然的礼貌,这才是我们的教育应当给予的。这不也正是我们今天需要的松弛感吗?这不正是我们经常为了迁就别人而牺牲自己孩子天性的一个反馈吗?一个有学习心态的家长看完这本书一定会获得从未有过的反思和收获。

《自由,不是放纵——夏山校长答父母问》累积了大量的咨询案例,家长们可以通过方方面面的问题与尼尔的回答,看到一位资深教育家睿智、深入的思考与严谨的推论。我以为这恰恰是今天的中国教育者、中国家长必读的一本书。这本书的价值并不在于直接给予答案,而在于启示。它启示我们思考过去对待孩子的态度、行为,让我们自省有哪些错误需要修正,有哪些认知需要提升,有哪些后果需要承担。这是一本能让很多人顿悟的书。

而这种深刻的自我反思在我看来只能发生在那些勇敢的父母身上,因为懦弱的父母永远会把教育子女的责任推卸给教育系统、社会、老师甚至孩子自身,唯独看不到我们才是孩子的引路人,我们才是孩子的榜样,我们才是孩子的希望,我们的认知才是孩子的"起跑线"。

我们能感受到,教育改革已经在路上。而教育面对的是生命,生命是不可逆的,无法从头再来。我们也终将比我们的孩子更早离开这个世界,我们能够和他们共度的时间是非常有限的,因此我们要抓紧时间给予,给予他们无私的爱、给予他们责任、给予他们勇气、给予他们自由。总之,给予他们面对无限美好、无限可能的未知世界的一切能力。

只看重成绩的教育不可能培养独立的人格、独立的思想、独立的生命。其实，需要教育的不是孩子，而是父母，每个家长都应该是夏山理念的实践者。家长朋友们，勇敢起来面对一个又一个挑战吧，勇敢起来面对一个又一个鲜活的生命吧！不要再人云亦云、不加思索地对待孩子了。

发现自己孩子的天赋，并给他们营造一个花园，让他们自然成长。记住我们是园丁，绝不可以做木匠。

写于 2024 年 7 月

推荐序二

崔涛

中国创新教育代表、成都先锋学习社区执行长

一般我都会推掉先锋学习社区（以下简称"先锋"）以外的事，但是这次受邀给《自由，不是放纵——夏山校长答父母问》写序不一样。先锋经常被人们称为中国的夏山学校，其创始人刘晓伟在2015年因我推荐看了《夏山学校》这本书，而我是在2011年左右就受到了《夏山学校》的影响。同一时期我看了不少教育方面的书，其中有两个人对我的影响很大，一个是尹建莉老师，一个就是本书作者、夏山学校的创始人——A.S.尼尔。这两个人都是知行合一地在实践"爱与自由"的人，在过去的十几年里，我经常听到、看到"爱与自由"这几个字，但是真正做到的人寥寥无几（"归根结底，应该按照一个人的行为去判断这个人"，P19），所以尹老师和尼尔就更显珍贵。恰好这本书也让我想起了尹建莉老师的《好妈妈胜过好老师2：自由的孩子最自觉》，也是回答读者来信的提问，光看标题就知道两本书想传达的内容有多么相似，比如关于说脏话，关于吃喝拉撒睡，关于家庭作业，关于性教育，关于金钱教育，关于婚姻关系、手足之争，等等。虽然两书出版间隔时间有五十年，家长分别来自欧美和中国，但是来信涉及的教育议题基本一致，回答的核心理念也是一致的。我恰好也总负责先锋的家长工作，家长提出的

常见问题基本也超不出这两本书的范畴，所以我欣然接受了邀请并写下这篇推荐序，并且准备增加本书为先锋新生家长的必读图书。

为何推荐《自由，不是放纵——夏山校长答父母问》

第一，实用且适用。本书英文版最初的出版时间（1966年）距今快六十年了，但是家长提出的问题和尼尔的回答并未过时。有些问题比如关于孩子沉迷电视，映照现在，我们只需把"电视"自行调整为"网络"或"手机"或者"电脑"等，而孩子的情况和家长的担忧几乎和六十年前并无二致。

第二，多一个角度思考。需要提醒一部分读者的是，因为年代的差异、文化的差异，以及经过翻译的语言，所以阅读起来可能有陌生感或距离感，不和我们现在的语境完全一致，但我自己的真实体验是——能够换到另一个视角：多了一个维度来看当下的教育。

这世界就像个钟摆。很有意思的是，尼尔回答的问题大多来自二十世纪六十年代美国的家长。如果说从左到右是不自由到放纵的光谱的话，书中有不少问题是从右边放纵这端问起的，跟中国家庭的情况看起来并不一致，不过在我看来只是钟摆摆到了不同位置的问题。比如在"自由，不是放纵！"一节中有家长来信说："约翰抗议说他房间太小，装不下六个人。他声称这也是他的家，他有权利让他的朋友们在客厅里玩。这是自由还是放肆？约翰十四岁了。"（P07）在中国家庭里，通常孩子很难在小时候宣称自己的主权，即"这也是他的家"，更多时候就是家长说了算。再比如："我八岁的儿子不断打断我和妻子的交谈。我们不想压制他、扼杀他的人格。我们能做些什么呢？"（P07—P08）在很多中国家长看来，孩子不能打断大人说话是天经地义的事。家长们根本不会犯这种难，也不会这么思考——"不想压制他"，因为我们大多数家庭一般都倾向于约束小孩，更多的这种问题可能要到青春期压制不住了才会反思。

当然，这都是绝对的说法，中国父母，尤其是能看到这篇序的人，显然也是要分光谱的，所以我分享一个有趣的角度，就是不管你在光谱的哪一端，你都可以看到大家在某个议题上的不同问题。尼尔的解答背后反映出他一贯的教育智慧，而且我在先锋的实践经验和他的结论基本一致，所以我会推荐《自由，不是放纵——夏山校长答父母问》。

第三，经典。能穿越时间，面对变化呈现出不变的智慧。夏山学校之所以成为经典，是因为它是全世界自由教育的代表，而自由是人类永恒的命题。虽然这个世界在过去的五六十年里已经进步了不少，不管东西方，普遍来说成年人都拥有了更多的自由，但是教育里相对弱势的一方——孩子（学生、学习者等）仍然面临着各种不自由。所以夏山在某种意义上是一座灯塔，至少尼尔用实际行动点亮了一些孩子的人生，也用他所写的几本书向大家展示了自由是夏山的根本。而《自由，不是放纵——夏山校长答父母问》想传递的理念，也是我们在先锋经常分享的，即自由和责任是双生的。当你给予一个孩子自由，也就同时赋予了他责任。但大家往往因为缺少经验，所以很容易用头脑去理解自由和责任，总想要一个标准的、安全的解决方案，而把自由和责任二元对立起来了。（"关于自由还是放纵，没有'圣经'、没有百科全书可查，也没有最终的权威，每对父母都应当运用自己的头脑。我能向你们建议的是，永远不要让你们的孩子感到害怕，或让他有负罪感。"P06）你会明白变化中不变的那个智慧——也是我在先锋看到的孩子们自由生长背后的神奇力量。

给读者的提示

1. 关于主书名"自由,不是放纵"。如果是想学习"术",我前面已经说了,你需要将本书当作一个新的维度先来理解背后的"道";如果想学习"道",核心还是要放到自己的边界上,这点国内心理学者李雪的书和文章写得很好,因为有了边界感,一方面知道尊重孩子的边界,自然就能给予孩子自由,另一方面懂得尊重自己的边界,自然就"不是放纵"了。

2. 大家往往只注意到了尼尔说的自由,容易忽视尼尔反复强调的爱(看见、接纳等)。比如"不要挫败她幼小的生命","爱她,继续爱她"(P101),又如"站在孩子那一边是最好的治疗"(P192)。

最后的话

看这本书就像是看到自己穿越到另一个时空一样,因为这本书甚至连"最后的话"里写的内容都和我的心声一致,太好耍了(成都话)!

尼尔说,"不要让我准确地解释自由如何会治愈,我真的不知道",那我就换个说法,与大家分享先锋底层的秘诀:因为我们相信人人皆可成材,所以我们只需提供自由包容的支持环境即可,孩子们自己会像有了阳光和雨露的花花草草一样自然而蓬勃地生长。

写于 2024 年 7 月

本书是关于什么的

怎样才能区分自由和放纵呢？

我的美国出版社编辑恳请我写一本书来解释一下这些术语，他这样说道："你必须这样做，因为太多美国父母在读了《夏山学校》以后，对自己过去对待孩子的严苛方式感到内疚，就对孩子说，从此以后他们是自由的。结果这常常导致孩子被惯坏了，因为对于自由是什么，这些父母有着一种过于模糊的观念。他们不理解自由是相互迁就——不管对父母，还是对孩子的自由而言，都是如此。我理解的是，自由并不意味着孩子可以为所欲为，想要什么就有什么。"

是的，简单地说，这就是问题的核心。过度的自由会变成放纵。

我把放纵定义为对他人自由的干涉。例如，在我的学校里，一个学生可以自由地选择去不去听课，因为这是他自己的事情，但他不能在其他人想听课或者想睡觉的时候，自由地吹小号。

在美国，我曾经有机会不时拜访教师或医生。他们的妻子和孩子有时也在场。这时，孩子会留下来并主宰我们的交流。

有一次，一个美国客人来夏山拜访我，当时有三个孩子在我房间里。"快点，小家伙们，"我说道，"赶紧走，我想和客人说会儿话。"他们就会出去，什么也不嘟囔。

当然，相反的情形也遵循同样的原则。当我的学生们想单独待会儿，例如排练一出戏，我也经常被他们"清场"。

每个孩子都是自私的——首先我也是！父母应当欣赏并接受这个阶段；同时，他们应当拒绝给予小孩子为所欲为的特权。

一个合适的回答是："是的，鲍比，你可以用我的工具修你的单车，但用完以后，你得把它们放回原处。"你们可以把这叫作训导——也许这就是——但在我看来，这仅仅是生活中的相互迁就而已。

如果孩子不受约束，可以为所欲为，他们怎么可能发展出自控力呢？这是一个我经常被问到的问题。

但是谁说孩子总是可以为所欲为？我肯定没有这么说过。小孩子能决定哪些事情他不想做，比如学拉丁文。但在爸爸的车里玩警匪游戏，这不是由他随意决定的。

真正的自控力是什么呢？是有教养，就像在和教堂神父一起玩高尔夫球时那样注意不说什么冒犯的话吗？不，在我看来，自控在于能够替别人考虑，尊重别人的权利。

没有任何自控力的人会在和一群人同桌吃饭时把一半沙拉拨到自己的盘子里。

有人讲过这样的逸闻趣事，作家弗兰克·哈里斯炫耀自己曾经有一次到伦敦最上层的家族中赴过晚宴。"是的，弗兰克，"奥斯卡·王尔德答道，"只有一次！"

在我的《夏山学校》一书里，我指出，许多父母不明白的正是自由与放纵的区别。在强调规训的家庭中，孩子没有任何权利；在溺爱孩子的家庭中，他们拥有一切权利。适宜的家庭是父母和孩子权利平等的家庭。

自从《夏山学校》1960年出版以来，我收到全世界父母和孩子写来的成千上万封信。其中大多数来自美国。总的来说，信中大多数问题都是关于家中自由的准则的。本书呈现了其中某些信件的片段，以及我回信的一些主要段落。

　　读者们将会发现，在这本书里，我并没有谈到什么特别新鲜的东西。夏山学校运作的准则以及我对待孩子的方法的原理都已经在《夏山学校》那本书中完全提到了。而这本《自由，不是放纵——夏山校长答父母问》的内容是这种哲学的延伸——夏山准则在家庭中反复出现的某些特定情形上的应用。

自由，不是放纵！

丈夫和我刚刚为人父母，我们希望在一个自由的氛围中养育自己的孩子。但在讨论这个问题时，我们意识到自己并不是很清楚自由的边界在哪里、怎样才是纵容，或者甚至说在涉及孩子的安全问题时，什么时候应该介入。例如，我们是不是应该建立一些关于保持卫生和尊重财物的标准？

安全是很重要的。你们得保护好自己的孩子。你们应当确保他别在繁忙的公路上玩耍，或跳到深水中。在这些事情上，有常识就够了。

但是，不涉及安全时，这个问题就不那么容易回答了。拿卫生来说吧，所有的母亲都很清楚应该洗尿布，孩子应该洗澡，应该吃健康的食物。但是，不要把干净变成洁癖，否则会导致一些情结。我小时候认识三个农夫，我敢肯定，他们从来没有洗过澡，但都活到了九十多岁。太多孩子被过度清洁了，因为父母担心邻居会看到一张脏脸。

其实几乎所有孩子都喜欢洗热水澡。我注意到，只有那些被看作变得叛逆的孩子，才会推三阻四地不洗澡。

在要求孩子尊重财物这方面，一个年轻的母亲该做些什么呢？所有孩子都必须学会自己的东西和别人的东西是有分别的这一法则。如果孩子得到了正确的养育，这一点就不会有什么问题。我可以对一个五岁的孩子说"去，下车，这是我的车"，而不会得到什么敌对反应。我最年幼的学生也很清楚他不能跑到我的花园里拿走独轮小车或耙子。孩子很容易接受这些规则，只要在触碰或者拿这些东西时，他们没被大惊小怪地斥责。

关于自由和放纵，我们无法制定一些法则，两者的边界应该由每对父母来判断。虽然你非常信奉自由，但常常只能对孩子说"不"。家庭是首先为了成人们的，在适应家庭的过程中，孩子会遇到很多问题。"别碰那个花瓶！""别扯猫尾巴！""别用钉子在钢琴上划！"对于一个三岁的孩子而言，钢琴光滑的表面是一个玩粉笔的好黑板，或者钉钉子的好墙面，仅此而已。难题在于如何保护这些我们觉得有价值的东西，同时又能让孩子以其自己的方式和节律成长。显然，从不对孩子说"不"，这将养育出一个被溺爱的孩子，他将无法面对以后的现实。这样一个孩子会觉得自己的一切需要都应该得到满足，并将带着这样的观念长大。

关于自由还是放纵，没有"圣经"、没有百科全书可查，也没有最终的权威，每对父母都应当运用自己的头脑。我能向你们建议的是，永远不要让你们的孩子感到害怕，或让他有负罪感。

很多事都取决于你的人格：如果你是一个相当平和的女人，如果你与丈夫的关系很好，如果无论从空间还是心理上，你都能和那些干涉你生活的人保持足够远的距离，那么你有机会、很有机会养育出一个尽可能摆脱神经症的孩子。是你每天决定什么时候说是，什么时候说不。

我的孩子约翰放学后会带伙伴们到客厅玩。我对此表示抗议，因为他们会弄得乱七八糟——他们时不时地在地毯上留下一些花生壳，也不太留意家具。我真心支持约翰有朋友，也很喜欢他的这些同伴，但我希望这帮"小土匪"到约翰的房间去玩。约翰抗议说他房间太小，装不下六个人。他声称这也是他的家，他有权利让他的朋友们在客厅里玩。这是自由还是放肆？约翰十四岁了。

在我看来是后者。自由就是在不妨碍别人自由的情况下为所欲为，但约翰妨碍到了你们的自由。

老实说，孩子不应当和成人处在同一环境中，我们的书架、装饰品和吊钟对孩子来说什么都不是，他们应该拥有属于自己的房间。但是，只有富裕的人才有专门给孩子设计的房间。当然，现实是孩子确实占据了成人用来休息、消遣的地方，成人有时确实需要安静，需要一些漂亮的装饰品。

在夏山学校，我们不允许孩子进入教职员工室并在里面撒满花生壳和口香糖包装纸。在我家客厅里，我们坚持要求这些年轻的"客人"规矩点，如果他们被请来看电视的话。

我会对约翰说："听着，儿子，你随时可以叫你的朋友们来玩，但如果他们大吵大闹，或者在地上乱扔东西的话，他们就得走。"

没有任何一个人应该在家里作威作福，每个家庭成员都有在家中享受舒适和安宁的平等权利。让孩子为所欲为，只会让他变成一个"小霸王"。

我八岁的儿子不断打断我和妻子的交谈。我们不想压制他、扼杀他的人格。我们能做些什么呢？

因为不知道你们是怎样的父母，所以我很难回答这个问题。看上去你们之前更允许孩子放肆，而不是给他自由，你们现在正在自食苦果。但也许他不断说话是由于之前那些你们没有回答的成堆的问题，还有可能他天生就贫嘴！

我不知道你们和孩子的关系如何。他打断你们也许是为了激怒你们，或者他的俄狄浦斯情结让他想要把母亲从父亲身边拉开。如何分析一个我们自己没有亲眼看到的情景呢？

我通常会对父母说：如果你不对孩子发号施令，也别让他对你发号施令；如果你不打断孩子说话，也别让他打断你说话。把一个小孩子供起来，对他而言是件坏事。

如今许多父母会觉得，孩子如果遇到挫折就会变成白痴或者黑帮分子。胡说八道！该说不的时候父母就该说不，父母不能屈从于孩子的恐吓。

有一次我和一个美国生意人聊天。他十三岁的儿子对我们的谈话感到厌倦，于是就跳起来，打断我们，并且喊道："爸爸，把车钥匙给我，我要去兜圈风。""好的，儿子。"父亲说道，然后就把自己新凯迪拉克的钥匙给了这个男孩。在我看来，这就是愚蠢且放纵，更别说把一台致命引擎交到一个年轻男孩手中这一罪行了。

我反反复复讲道："自由必须来自双方。"孩子必须能够在不被打断的情况下自由说话，父母也是如此。孩子应该能拒绝父母对自己私生活和个人事务的干涉，父亲应该能拒绝把自己的凯迪拉克、高尔夫球杆、领带，或自己书房的安宁交给孩子，拒绝让孩子打扰自己午休。

> 我的儿子四岁了，他会大吼大叫，发出很多噪声。他到了我可以教他注意他人权利的年龄了吗？

是的，告诉他闭嘴，但不要披上道德的外衣，给他讲一大通道理是错误且徒劳的。

即使是一个四岁的孩子也能开始理解他人的权利意味着什么。在夏山每周的学校大会[1]上，一个四五岁的孩子讲小话或发出噪声时，主席会说："内莉，安静点儿，在开会呢。"这个孩子就会保持安静，哪怕可能只能保持五分钟。但她并不害怕，因为主席的话不是源于权威。这里的孩子们身处一种觉得自己被认可的氛围中，即便当他们是讨厌鬼时。

在一个好的家庭——没有恐惧的家庭里，一个四岁孩子不会因为被要求保持安静而受到伤害。

> 我很清楚一个十五岁女孩会有很多朋友，但我家珍妮特没完没了地打电话。我们的朋友给我们打电话都打不通。我们应该允许珍妮特想说多久就说多久，还是说她在肆意妄为呢？

我猜是的。我会告诉她："听着，女儿，你不是家里唯一的成员。其他人也需要用电话，别老占着线。"

---

1 会议每周六晚上举行，学生和教职工都拥有平等的发言权，他们共同讨论问题，并创建或改变学校的规章制度。在会议上商定的规则范围广泛，所有人都有机会在解决冲突的过程中投票。此外，值得注意的是，会议主席不仅由成年人，也常常由孩子担任。——译者注

我女儿声称她在一个自由的氛围中养育自己的孩子，但在我看来，她极其放任。孩子们几乎可以得到所有他们想要的东西，却不关心成人的需要和愿望。她似乎认为自己在遵守夏山的准则，但我不那么确定。你有什么看法吗？

因为不了解情况，我很难有看法。最近，我对夏山一个年轻学生的母亲说："当你儿子说脏话或打碎杯子时，你为什么会大发雷霆呢？"

她的回答是："我不是一个快乐的女人，我丈夫已经五年没和我睡在一起了。我的生活中挫折不断，这让我心烦意乱，所以就对孩子大喊大叫。"

给孩子他们想要的一切意味着他们通过得到一些东西，来替代父母不能给他们的爱。在一个好的家庭里，不该让孩子称霸；他们和成年人一样，都是这个忙碌而快乐的"家庭企业"的合作伙伴。

另一方面，你可能不是评判该如何抚养孩子的那个人；你可能相信严格管教——觉得孩子应该被放在眼皮底下盯着，而不需要被倾听；你可能是那些认为自己女儿什么都做不了的外祖父母之一。

我相信你能意识到，如果你孙辈的父母不站在孩子那边，孩子现在或以后都不会幸福。但另一方面，收音机和自行车等奢侈礼物并不能保证孩子的幸福，就像凯迪拉克和劳斯莱斯也许从未给一个成年人内心增加一丁点儿真正的幸福那样。东西来得太容易就不会被珍视，这就是为什么好的心理治疗师会拒绝无偿接诊病人，因为他知道病人会认为这个轻易到手的东西是没有价值的。

我最小的孩子对爵士乐很着迷。他是一个乐队的头儿，在我们家里排练。丈夫和我觉得再也无法忍受了——他整天在家练萨克斯,再加上乐队每周排练三次,我们就要疯了。怎么解决这样的问题呢?

如果是我,孩子说没有其他地方排练,我会在外边租个小房间来摆脱喧闹,我乐意为此付点租金。

但始终存在钱的问题。你们租得起排练室吗?

我个人很同情你,因为我讨厌某些被称为"音乐"的噪声。我的学校有自己的爵士乐队,幸运的是,乐队在离我的起居室很远的房间排练。但如果让爵士乐成为禁忌,这便是对这个男孩犯下罪过,还会导致家中气氛紧张,变得难以忍受。你不能仅仅因为不合你的口味,就禁止爵士乐、摇滚乐或其他任何类型的现代音乐。

除了租用排练室,我想不到其他解决方案。但如果你无法负担费用,我只能建议你戴上耳塞,听天由命。在一个专业的钢琴老师家里,全家人就得忍受"叮叮咚咚"。

家里有人交谈时,我女儿会通过大喊大叫来吸引注意力。丈夫一直为此感到烦恼,他只会叫她闭嘴。我们告诉女儿,这不礼貌,令人反感,等等,但她都听不进去。你有什么解决办法吗?

有的,我曾经在我的学校用过一个办法:"玛丽,你的声音还不够大。来,再大声点!"这通常会管用。

镇压是徒劳的,是在浪费时间。在我看来你的女儿可能感到自卑,觉得在家里无足轻重,她的叫喊可能意味着:"听着,伙计们,你们不能无视我,我就是要让你们听到。"这可能也是在对你们一直以来的压迫进行抗议。

但是为什么要担心这个呢,这毕竟是件小事。你担心过女儿在学校或教堂里被灌输的那些东西吗?你有没有坐下来冷静地问过自己:为什么我的孩子叛逆且不快乐呢?

深入下去,伙计们,深入下去,不要再担心那些仅仅是内在冲突的外在"症状"的东西了。试着深入本质,深入生活的深处,超越那些短暂而无足轻重的无聊常规事物,你可怜的孩子有些掩藏在心里的委屈、抗议和不幸。

大喊大叫可能是一种伪装——胆小的人在受到攻击时会用大喊大叫来掩饰自己的恐惧。我们无法通过治疗"症状"来治愈任何事情。作为父母,你们应该努力让你们的家成为一个让孩子感到快乐的地方。

> 我五岁大的儿子非常喜欢每天下午六点的一个电视连续剧。电视摆在客厅里。他父亲每天六点左右回家,累成"狗"了,非常渴望安静和放松,而且他非常讨厌警匪剧。如何调和这些相互冲突的东西呢?

我不知道你家里的布局怎样,电视能不能摆到另一个房间里,比如厨房或者卧室。不幸的是,爸爸的恼火会传递给孩子,小家伙可能会将看电视的乐趣等同于父母的烦恼。

成千上万的家庭有着类似的问题。我自己家的电视在客厅里,我经常会看一些其他人想看但我不想看的节目。但话说回来,我可以去另一个房间。每个家庭的"诅咒"都是电视节目,在大多数情况下，成人希望看一出精彩的戏剧，而小孩子们想听流行音乐或看连续剧。

一个自由的家庭就是要相互迁就。小孩子喜欢电视上的蝙蝠侠，大人想看戏剧或足球赛，怎么办呢？我们家也有同样的问题，我们会通过相互迁就来解决。我们告诉女儿："七点你可以看爵士表演，八点我要看一出萧伯纳的戏。"

下面我直接回答这个问题：据我所知，只有两种方法——要么把电视搬到另一个房间，要么告诉小孩他不能每晚看电视。搬电视机是更好的方式，因为拒绝让孩子看他心爱的节目，对他们来说可能意味着"父母不爱我"。这会导致出现一些比爸爸讨厌一部愚蠢的超人电影更糟糕的事。

> 我女儿总是借我的衣服穿。她自己有衣服，但她似乎总是想要我的东西。有时，得知某件衣服是新的或很昂贵时，她未经许可就直接"借走"了。我应该惩罚她吗？

不，绝对不应该。你女儿可能对你有很高的评价，所以她认同你，甚至想穿你的衣服；或者她可能对父亲有着强烈的依恋，并且觉得——不是想[1]——"我想取代他情感中妈妈的位置。"

没错，这个女孩正沉迷于放纵，她擅自拿走不属于自己的东西。但你必须想想她为什么这样做，真的，这位母亲，为什么你女儿不征求你的同意呢？

在我看来，你们的关系似乎不是爱的关系，你谈到"惩罚"这

---

[1] 尼尔这里的意思是，这发生在无意识，而不是意识层面。——译者注

自由，不是放纵！

一事实就表明了这一点。这个女孩可能会下意识地在想:"如果我得不到妈妈的爱,就得到她的恨。让妈妈有反应的一个好方法就是穿她的衣服。"

在某种程度上,衣服是我们人格的一部分,对孩子而言也是。一次甚至几次这样的事件,都不会让一个平和稳重的母亲抓狂。一个人越看重衣服,心理就越不平衡。穿着条纹裤子、戴着可笑圆顶礼帽的传统英国人非常看重自己的外表,是因为他们的内心没有足够的价值感。高估衣服的重要性意味着对生活中那些更重要的事缺乏兴趣。

惩罚和愤怒完全无济于事,相反,这些举措会向女孩证明她没有得到足够的爱。但是,如果母女之间是很自然的关系,那想要不带仇恨或惩罚,有效地处理这种状况并不难。当鲍比借了我的一个扳手却不归还时,我毫不犹豫地告诉他把我的扳手还回来,但我的话里既没有仇恨,也没有愤怒和道德说教。第二天,鲍比可能还会因为我上课迟到而责备我,他经常这样做。当父母和孩子之间没有不可逾越的鸿沟,孩子也没有被灌输恐惧时,类似平和的家庭氛围才可能成为常态。

让你的家成为对孩子而言快乐的地方,你会惊讶于许多问题消失得那么迅速。

自我调节

在《夏山学校》一书里，你经常提到"自我调节"，这到底是什么意思？

自我调节在很大程度上取决于母亲自己的心理、哲学和价值观。当母亲对一些东西比对孩子更感兴趣时，任何孩子都无法做到自我调节。对于那种因为打破某个无聊的花瓶就发脾气的母亲，或者想要通过有个乖巧、规矩的孩子来给邻居留下深刻印象的母亲而言，自我调节是陌生的。一个对"性"和"粪便"很纠结的母亲不可能有一个自我调节的孩子。这个词是以一个心理平衡、放松的女人为前提的。

我似乎在描绘一位世上不存在的理想母亲。然而我想说的是，孩子不太可能比他的母亲更能自我调节。每个母亲都必须先调节自己，才能养育出一个能够自我调节的孩子。她必须放弃关于卫生、整洁、噪声、脏话、性游戏、破坏玩具等事情的所有传统观念。许多玩具应该被一个健康的孩子有意识地破坏掉。道学先生、宗教仪式的追随者、信奉严格纪律的人不可能培养出能够真正自我调节的孩子。自我调节意味着行动源于自我而非外部强迫。按照模子塑造出的孩子没有自我,他们只是父母的复制品。

为了做到自我调节,一个人不需要受过教育或者有教养。我想到玛丽,一个苏格兰渔村的普通女人,她非常平静,从不大惊小怪,从不暴躁。她本能地站在自己的孩子那边,孩子们知道无论他们做什么,都会被她认可。作为母亲的玛丽是一只舒适温暖的母鸡,周围都是她的小鸡。她有一种自然的天赋,她会给予爱而不是有占有欲。这是一个从未听说过心理学或自我调节的简单灵魂,却充分实践了自我调节。她跟着自己的情绪与家人打交道,并没有按照任何一套育儿规则行事。值得注意的是,她比住在费城公寓里的那些母亲享有更好的条件。她的孩子大部分时间都在外面,室内没有小孩子不能碰的昂贵的小玩意儿,没有收音机、电视机、电熨斗,也没有不能弄脏的昂贵衣服,没有父母的专横,有的只是简单的给予和接受。孩子们在爱中得到养育,像野草一样长大,没有过度的修养。玛丽知道自己对孩子有什么期望,就像她知道对自己养的小牛有什么期望一样。她没想着黄瓜会开出美丽的花朵,更没指望自己三岁的孩子会干净体贴。一个五岁孩子可以忍受的事,十岁孩子就不能。玛丽爱自己的孩子,但她也爱自己——尊重自己,从不允许她的后代们利用她的善良。她直言不讳。孩子们知道她的底线,他们知道她不能被强迫。总的来说,他们知道这是一位从不剥削他们,从不强迫他们实现不可能实现的目标,并且非常爱他们的母亲。这是真正的自我调节——一个没有压力的家。

"这都很好,"一位美国城里的母亲可能会说,"但我不住在乡下。"

我觉得这个问题取决于你到底有多爱你的孩子。如果你两岁的孩子觉得自己处在一个受到限制的环境中,并且你总是说"不,不要!"的话,他就会表现得很糟,会觉得生命对他而言是一个漫长的受训期。

你不该为了干净卫生就试着让你的孩子大小便自理,不要试着把他放到尿盆上去训练他,家里有尿盆,时候到了,他自然就会用。如果他不喜欢某种食物,一定不要强迫他吃,或者甚至劝他吃。如果他触碰自己的生殖器,你也应该笑着表示赞许。

他使性子、打小妹妹、摔东西呢?试着和一个两岁孩子讲道理是没有用的,因为他不能领会因果关系。在他抓着猫尾巴时告诉他"如果我扯你的鼻子,你会喜欢吗?"也是徒劳的。有时你不得不说"不",有时你必须把孩子从那个被他肆意殴打的哭泣着的小妹妹身边带走,有时你必须说"别碰那个"。平静的母亲会知道说什么和做什么,但那些声色俱厉恐吓孩子的母亲只会让孩子变得更调皮。

自我调节是无形的,没人可以教它。很少有孩子从小就在促进自我调节的环境中成长,但我发现这样成长起来的孩子攻击性更小,更宽容,身体更放松,精神更自由,更不容易受到那些反生命的道学先生的制约。

但是自我调节并不意味着孩子就不应该受到保护。当一位母亲写信问我如果她给壁炉装个防火护栏,会不会不利于培养孩子的自我调节能力时,我只好叹口气。

最憔悴的母亲之一就是住在交通繁忙的街区,要养育四岁孩子的母亲。她担心自己到处跑来跑去的孩子,常常不得不把所有关于自我调节的东西置于脑后。对于许多焦虑的母亲而言,汽车、自行车、易燃物、沟渠这些东西让自我调节变得很不容易。但是如果母亲只是担心孩子的安危,不在其他方面干涉孩子的话,那么孩子还是大有希望的。

在我看来,许多父母都在空喊你关于夏山学校的一些话,但一点也不去实践。他们似乎只是把夏山学校放到了他们的脑子里,而不是心里。我知道有些父母会充满热情地引用书中的一些话,但同时又限制他们孩子的自由。你对此有何看法?

是的,确实有些父母会从理智上,而不是情感上欣赏"自由"这一理念。他们会说:"自由挺好的,但是……!"这个"但是"常常意味着:自由的孩子如何能适应一个不自由的社会?这个"但是"也常常意味着:我的女儿会寻找自由的爱情吗?这不是出于恐惧,就是出于清教徒主义。

我想起威廉·斯特克尔的故事,他给一个十七岁的男孩——精神科医生的儿子做了精神分析。男孩有很强的负罪感,因为他曾和自己的姐姐有过性关系。在分析的最后,父亲当着男孩的面问斯特克尔:"医生,这小子怎么了?"

斯特克尔回答说,他永远不会辜负病人对自己的信任,即使是对病人的父亲也不行。

孩子说:"我希望父亲知道。"因此斯特克尔就全讲了。

父亲笑了:"我当然理解——古老的乱伦情结嘛。"

第二天,男孩回来见斯特克尔时,脸上青一块紫一块的——父亲把他带回家,狠狠地揍了一顿。

后来,当父亲自己来做精神分析时,斯特克尔发现这位父亲真的爱上了自己的女儿,他是在嫉妒的驱使下揍儿子的。

这就是一个理智上接受,但情感上排斥的好例子。在听到这个故事四十五年后,我对于是否将我在孩子那听到的秘密告诉他们父母,一直都很谨慎。

至于那些空喊自由口号的人，心理学家赖希把他们叫作"真理贩子"。我了解他们，他们并不是不真诚。他们通常是一些年轻的理想主义者，会片面地领会信息，并进行改编，使其符合自己的一些情结。问题是：我们每个人不都是这样做的吗？

我的学校不会雇用那些非常痴迷夏山的人——"我一辈子都在寻找这个天堂"——始终不变的是，这样的人不会是一名成功的教师。因为夏山不是一个理想的地方，两周后，梦就会破碎。我会完全避开这些满眼放光的老师。

归根结底，应该按照一个人的行为去判断这个人。滔滔不绝地到处谈孩子的自由而不去实践是徒劳的。我觉得克里希那穆提应该和孩子们一起度过他的一生，而不是到世界各地向中产阶级女性演讲。要提防那些传道士，无论他们是葛培理牧师还是政治鼓动者。我在演讲时感到良心安宁，因为我知道我讲的是我曾经做过的，而不是正在做的。人们应该期待一位作家或传道士实践他所讲的内容。要知道，有些主教会给战舰赐福。

一个人应该传播的唯一福音应该是他自己的福音，尽管我们很难知道其中有多少是从别人那里借鉴过来的。就像我，从教育家霍默·莱恩那里借鉴了自我管理，从赖希那里借鉴了自我调节。

没有人是与世隔绝的。但是我很高兴奥森·比恩没有把他那位于纽约第十五大街的学校叫作"夏山学校"，他走自己的路。

反生命态度

礼貌

　　如果不告诉孩子在餐桌上见人时应该如何举手投足，他们要怎么学会讲礼貌呢？我同意讲究礼节是不自然的，但难道不应该教吗？

　　我们真正应该考虑的是：应该教孩子礼节吗？

　　我还记得第一次在豪华晚宴上见到手指碗时的情景。有一个人喝了碗里的水，而我则很小心地先看别人是怎么做的。

　　知道使用哪种餐具是件好事，但每个国家的礼节都不一样。在英国，没有任何绅士会在嘴里有食物时喝酒；但在欧洲大陆，这种社会习俗则并不存在。我曾经出过一次丑，坐在了德国人家里的沙发上，后来我才得知，德国人家里的沙发是留给重要客人的。

　　向女性脱帽致意是一种姿态，掩盖了在父权社会中女性低人一等这一事实。我们对女性的特殊态度是对这一信条的补偿。

　　是的，在我们这个保守的世界上，最好是知道礼节。但礼貌则是另一回事。有礼貌意味着为他人着想，而礼貌没法教。在我的学校里，我们不教礼节。如果一个孩子吃饭时舔盘子，没人在乎，事实上也没人会注意到。我们从不训练孩子说谢谢或者早上好，但是当一个男孩嘲笑一个新来的跛脚孩子时,其他孩子会召集一个特别会议,校委会会毫不含糊地告诉违规者,学校不喜欢不礼貌的行为。

一个自由的孩子自然会有礼貌,随着年龄增长,他也会变得足够明智,学会那些被称为"礼节"的表面上的客套。

如果一个孩子没有通常意义上的礼貌,无疑会冒犯他人。别人对孩子的排斥或不满,不会对他们造成伤害吗?

什么是礼貌?礼貌是为他人着想,考虑他人的感受。小孩子最开始只对自己感兴趣,自私的成人就是一直没长大的人。

一个受到规训的孩子如果害怕成人,就会对他们有礼貌;而一个自由的孩子不用牺牲自己的真诚就能学会自然的礼貌。如果孩子总是很粗鲁,那是因为他被错误地养育,对大人产生了怨恨。想想孩子被要求"去亲亲奶奶"时会造成的不良影响,或者被要求"谢谢玛丽姨妈的好礼物"时所感到的怨恨情绪吧。

明智的父母和老师从不要求孩子有礼貌,无礼是由严格要求的父母培养出来的。史密斯夫人说:"我不想让隔壁的格林太太认为我的孩子没教养。"她想牺牲孩子来安抚邻居。

我觉得"感恩"这个词应该从字典中抹去,要求感恩的人是愚蠢的。我的好朋友亨利·米勒写信告诉我,《北回归线》的出版让他挣了一大笔钱。"我觉得夏山应该得到一些。"他说,于是就给我寄了1 000美元。但是我对亨利的感情并不是感恩,而是感到来自一个非常非常亲密的朋友的温暖。如果是一个不认识的人寄给我100万美元,我不知道自己会有怎样的感觉,但我敢肯定的是,感恩不足以表达那样的感觉。

亲爱的父母们，让你们的孩子去寻找适合他们自己的礼貌程度吧。给他们爱，他们将自然而然变得有礼貌，但是如果你们不断在孩子耳边唠叨行为准则，你们很可能正在为孩子埋下不为别人着想的隐患。

我的孩子从来没有被教过礼节。他主动说"谢谢"和"请"，并为别人着想，但出于某种原因，他喜欢用手抓东西吃。我和妻子原本满不在乎，什么也没做，希望随着年龄增长，他会摆脱这个习惯，但他仍在继续用这种让人不舒服的方式吃东西。坦率地讲，这已成为一件让我们觉得厌恶的事了。此外，我们担心他会一直这样，以后会让我们和他自己感到尴尬。你怎么看？

他是五岁、十岁，还是十五岁？当然，随着时间流逝，他会从中走出来。当他带初恋女友回家吃饭时，他不会用手抓东西吃。

关于这个习惯，如果他只是用手碰那些他要吃的东西，我就什么也不会做；如果他把自己的手指塞到属于我的那块苹果派上，我肯定会提出抗议。

他可能对循规蹈矩感到有些费解。我们的饮食习惯是固定的，为什么我们不用刀来吃豆子，或者把茶水倒进茶托凉一下？为什么我们不能用手拿奶酪直接吃，而是用刀把它们涂到小圆面包上？我们用手拿苹果和梨子吃，但为什么不直接用手拿香肠或猪肉馅饼吃？我觉得这个男孩在这方面有些不同的见解。注意，我并没有排除他的无意识动机可能是非常渴望激怒老爸老妈。

你在信中说，你和妻子相信不强迫孩子学习、不苛责孩子的原则，但这是从什么时候开始的呢？在听说夏山之前，你们的性格如何？在这个男孩很小的时候，你们是不是实际上总是决定他的一切？几年后，你们有没有对男孩说过"你可以想做什么就做什么"？如果是这样，那他正在做自己想做的事。所以如果是我，我什么都不会说。

我想起自己曾见过的特别讲礼貌的一幕：村里牧师请一个工人吃午饭，吃的是碎肉，工人立刻开始用刀把食物往嘴里塞，牧师也拿起自己的刀，兴致勃勃地挥舞着吃了起来。当然，我也跟着做了。

义务和责任

为什么一个孩子应该只做他自己想做的？他如何面对需要承担无数令人不快的职责的生活呢？

童年不是成年期，而是玩耍的时期，没有一个孩子会觉得玩够了。当一个孩子玩够了，他就会开始工作，开始面对困难，即使面对许多令人不快的任务，他也能干得很好。

大多数人讨厌自己的工作。我经常会问父母："如果赢了一大笔钱，你还会做现在的工作吗？"艺术家、医生、某些校长、音乐家、农民以及其他有创造力的人会说是。许多其他人说他们会放弃自己的工作——主要是店员、文员、卡车司机和站在流水线上对完成的产品毫无感觉的工厂工人。因为大多数工作没有真正的吸引力，年轻人尤其不喜欢这些工作。

在自由环境中长大的孩子可以应付这些不愉快的职责，但他们永远不会沉迷于这些工作。我的意思是，自由的孩子不会过度卷入对那些要求这些职责的人的愤怒和仇恨中。如果一个年轻的男人或女人体验到内心的自由，那么这些任务就不会引起过度的反感。

上周，我儿子汤米骑着摩托车冲过镇子，与一辆停着的汽车相撞，造成的损失约为150美元。我们没有足够的收入来支付这种不可预见的开销。但是，当然，我们必须尽力支付这个特别的账单。我们应该做些什么吗？应该从汤米每周的零花钱里扣吗？我们是否应该坚持让他卖掉摩托车来筹集资金赔偿损失？或者有别的什么办法吗？

如果你让汤米卖掉他的摩托车来赔偿损失，他会深感怨恨，并把这当作你们不爱他的证据。但我不明白为什么不应该是他想办法从自己的零花钱中拿钱出来赔偿损失。毕竟，他要面对现实，他要明白自己的粗心不能由父母来买单。

我不知道他的年龄，也不知道他是怎样一个男孩。如果十二岁左右，他可能会认为付出代价是一种惩罚，并对此感到怨恨。但如果十七岁，他应该能够明白为什么自己要分担这一费用。

我在儿子六岁时丧偶，被迫去工作来谋生，日子过得很艰难。我儿子现在十六岁，在读高中，成绩不错。我没有丝毫希望能够支持他读完大学，所以我希望他现在停止学业，找份工作来帮忙养活他的两个妹妹。我有权利坚持让他在这个年纪成为家里的顶梁柱吗？

我不知道这个男孩如果留在学校前途如何，我只是觉得让他在这个年纪成为家里的顶梁柱是错误的，因为他在这个阶段能找到的任何工作都不会是一份很好的工作。

我认为你应该再奋斗一两年，让小伙子有机会自己决定他这辈子想做什么。如果你强迫他离开学校,他因为不得不去工作而感到怨恨的话,那么家庭的气氛不会很愉快,不是吗?

不,让他决定吧,我说。

> 我的妻子是我们孩子的"奴隶"——她跟在他们屁股后面,捡他们脱掉的衣服,把它们熨平整,做所有的家务活。我一直告诉她,她正在把他们变成不负责任的小鬼。但她说一点善意和关注是不会宠坏孩子的。谁是对的?

在我听来,你妻子的方式是对的。

既然童年是游戏期,孩子的权利就是玩耍再玩耍,你应该有这样的期待。你给孩子的时间表是不自然的。在夏山,我们不让孩子做家务。大一点的孩子会做点,因为他们希望自己的房间看上去不错。年幼的孩子根本不在乎,但是即使由之任之,他们长大一点,很可能也会关心自己房间的样子。

当然,家里的情况有所不同。我很同情那样的母亲——家里青春期的孩子会把碗留给她洗、地留给她扫。对于青少年,她当然有权让他们必须做一部分家务,但对于更小的孩子,则无须如此。部分麻烦源于年轻人和老年人的标准不同。对大多数孩子而言,不整洁的房间并没有什么关系,我甚至可以说干净整洁的住处对许多男人而言并不太重要。如果孩子饭后主动洗碗,这很好;但不断唠叨一个年幼的孩子,则意味着缺乏父爱。

一般来说,孩子七岁起会收拾东西、做事。但两年后,他会回避所有的家务活。我经常听到一些青春期女孩抱怨自己被要求做家务,但是当妈妈离开家去度假一个星期时,她们却把房子收拾得干干净净。

我怀疑每个孩子的内心都觉得大人的工作就是为他们做事，但他们迟早会走出这个阶段——如果没有被反复纠缠（要求做家务）的话。对于青少年，我建议忍耐。谨慎的父母不会提出从心理学角度来看过分的要求。

而且，哦对了，先生，你有分担一些家务吗？你应该分担的，你知道。

我十五岁的儿子逃避所有的家务活。对于修剪草坪、送个包裹，或其他任何我们提出的要求，他总是会有异议，觉得我们侵犯了他的权利。我们请不起园丁、信使，也付不起任何其他额外的费用。我和妻子都觉得他这个年纪的男孩应该有一种责任感，并且我们有权要求他做一些自己力所能及的事。然而，我们犹豫要不要向他施加压力：一方面，他是我们唯一的孩子，我们害怕他疏远我们；但另一方面，我们又良心不安，担心如果不坚持要他帮忙做家务，是在溺爱他。

哦，成千上万的父母有着同样的问题！珍妮放假回家时不帮忙洗碗；彼得四处游荡，甚至不会给家里的炉子填煤。大多数家庭的情况都一样。年轻人讨厌做家务，还没有成年人那样的责任感，能够去做那些讨厌的家务活，我认为这意味着婴儿期的持续时间比大多数人以为的要长得多。

一个类似的问题是青少年早上会赖床很久，我们可能会把他们训一顿，但我们同时应该试着了解一下他们的看法。也许青少年比我们认为的更多地生活在幻想当中。现实生活意味着乏味的家务，年轻人还没有准备好面对它。晚睡的十五岁女孩可能想避免对她来说不愉快的家务活。没错，大多数青少年被迫做一些枯燥的事情，要么是因为受到训斥，要么是出于对受惩罚的恐惧，一旦外在的强迫消失，童年真正的不成熟就会显现出来，青少年又会回到婴儿期和不负责任的状态中。"猫狗不做家务。"——也许这些逃避责任的青少年在某种意义上觉得父母把自己当作宠物了。

一个没有被说出来的想法是：我爸妈还在，打理家是他们的事。是的，这的确是个棘手的问题，因为你猜对了：对孩子发号施令会导致疏远。但在一个拥有真正自由的家庭中，不会有这样的后果。我妻子对我们的女儿说"快点，轮到你洗碗了"，而不会得到任何反抗。只有在专制的家庭中这才会导致疏远。

强迫劳动总是错的。如果老板必须不断告诉某个员工该做什么，以及如何做，他最好解雇这个员工。只有工人愿意，才会干好活。强烈的冲动应该来自工作本身，而不是老板或父母。唯一值得拥有的荣誉是一个人认真而且很好地完成了一件事所获得的满足。

大多数家庭的一个有趣特征是，如果父母外出度假，青少年会做饭、洗碗和扫地。此时，这一必需性使孩子"长大成人"，但是从老家伙们回来的那一刻起，对家务的反抗就又开始了。

一个明智的社会不会要求任何二十岁以下的人做点什么工作，因为婴儿期会持续到十几岁。童年就是玩耍期——我们应该面对这个事实。因此，边叹气边伸手去拿抹布的忧心忡忡的父母们，要记得孩子的标准和你们的不同。对许多青少年而言，一个不整洁的房间无所谓——他只是看不到哪儿不整洁罢了。

然而，父母必须避免剥削孩子……"去拿个锤子来，比利。"如果比利正在帮你修桌子，这样说很好，但如果比利正在造一艘玩具船或看书，这就没那么好了。

反生命态度

尊重

>应该怎样教育孩子尊重父母？

"尊重"这个词到底是什么意思呢？我认为这个词的主要成分是恐惧，就像那些尊重严苛老师的孩子那样。我的字典把"尊重"叫作"佩服"，即配得上我们的敬意，非常钦佩。好吧，如果你的孩子认为你不高尚，不值得赞扬或钦佩，你能怎么办呢？强迫他们认为你很棒吗？

我的学生不尊重我，我也从不要求尊重。今天，一个十岁的女孩叫我傻瓜。所以呢？这只是她今天早上的看法，她有权这样做，她的说法并不意味着她不爱我。

要求得到尊重的父母身上有些幼稚的地方。显然，他们未能激起孩子的爱，因此他们要求一个次级的替代品。真正对孩子公平公正的父母不需要要求尊重。

孩子怎么会尊重一个唠叨的母亲或者一个咆哮的父亲呢？孩子怎么会尊重撒谎的父母呢？对于一个面对欺负自己的丈夫不敢站起来的母亲，孩子怎能尊重她呢？

我尊重伯特兰·罗素，是因为他的哲学和人道主义精神，这种尊重中没有恐惧或嫉妒。如果你们想得到孩子的尊重,请以那样一种方式行事,让尊重自然产生——这意味着当之无愧,而不是因为孩子害怕受到惩罚。

我最小的孩子唐纳德不尊重他的祖父母。丈夫和我从不要求尊重,我们想要的是爱,并且自认为我们正从唐纳德那里得到爱。但唐纳德对他的祖父母——包括我的父母——表现出的冷漠让我感到非常尴尬,他们也对他的冷漠和无礼感到震惊。有什么我可以对他说的吗?

我同情你、祖父母和唐纳德。祖父母通常有两种:一种会溺爱孩子,声称父母不知道怎样抚养孩子;另一种则将年轻人视为对他们所信仰的一切的威胁,他们厌恶那些只对流行音乐和派对感兴趣、说俚语的可怕的长发漫游者。

看起来你家老人似乎属于第二类。唐纳德可能对他们的干涉和说教感到不满,一个十岁男孩和七十岁祖父母之间有着鸿沟。老人和年轻人说着不同的"语言",也没有相同的兴趣。大多数祖父母都停留在过去的时代里,那些他们不习惯的风格和方式可能在他们看来是放荡的。

父母在世的时候,我经常给家里写信。信是关于"天气"的,比如我会写:"(我这边)整天都是大太阳。家里的天气怎么样?"我必须想点他们可能会感兴趣的东西。

如果唐纳德不喜欢自己的奶奶,我看不出有什么办法,跟他说什么都是白费口舌。年幼的孩子有一种天生的诚实,即使唐纳德知道如果他顺着祖父母,他们会留给他 100 万美元,他也无法改变自

反生命态度　　　　　　　　　　　　　　　　　　　　　　　　33

己的态度。

我只能建议唐纳德尽可能远离他的祖父母。

> 我的孩子受挫时会生气,甚至会恶言相向:"你存心的,你这个丑老太婆。"我应该让他发泄怒火,还是应该阻止他骂我?事实上,听他这样形容我,我感到非常受伤。

阻止是没有用的,这只会让他的恨转入内心并变本加厉。

一个更好的方法是你让自己也乐在其中,并用你能想到的所有方式去"骂"他——当然,不带愤怒地骂。这种情况有好的一面:这个男孩不害怕骂你。这很好!

你感到受伤是因为你感到内疚……"如果我对他表现出更多的爱,他就不会像现在这样恨我。"天啊,(你觉得)孩子应该尊重父母!

幽默和恨不能并存,我给你的建议是学会和你的孩子一起开心。这个小伙子可能异常诚实,因为肯定有很多的孩子有时想把自己的母亲叫作"丑老太婆",但却不敢。他的仇恨,一旦表露出来,就会慢慢散去;但如果他被打屁股、受到训斥或制止,这种仇恨就可能会持续很长时间。

墨守成规

> 我的侄女玛丽·露想成为一名舞者。她的父母吓坏了,他们认为选择这种职业是出于任性。我可以对他们说些什么,来说服他们我的侄女正在寻找一份有价值的职业呢?

可怜的玛丽·露!恐怕无论你对他们说什么都无助于玛丽·露。她的父母显然还生活在维多利亚时代,他们可能会把一个天生的巴甫洛娃变成办公室秘书,让她终生受挫。他们只是骨子里很自私罢了。

对任性的担心表明,对他们来说,性是邪恶和错误的,因为"任性"这个词意味着道德上的松懈。对于他们这样死气沉沉的父母,我不知道该说些什么。

虽然有《咱们死人醒来的时候》这样一出戏剧,但在现实生活中,"死家伙们"是永远不会醒悟过来的。

恐怕小玛丽·露会和她成千上万的姐妹一样成为一种早已过时的清教徒主义的牺牲品。

不诚实

> 我有时会对女儿撒谎,这合理吗?

我可以想象一个你不得不对她撒谎的场合:假设她和父亲一起遭遇车祸,父亲遇难,她伤得很重躺在医院里;她问爸爸怎么样了,你说他很好。除此之外,你还能说些什么呢?

我们都会说些善意的谎言。布朗小姐唱歌,我觉得她的声音很可怕,但我会微笑着谢谢她。说善意的谎言几乎总是为了防止某人受到伤害。丈夫被妻子问道,喜不喜欢自己打折时买的新帽子——帽子很难看,但已经买了,而且不能退货,除非他是个浑蛋,否则他能说些什么呢?

我认为我们应该取消推荐信。没有雇主会愿意给一个人写封糟糕的推荐信来破坏他的前程,这就是为什么招聘老师时,我通常会说:"不要推荐信。"

我曾经想摆脱一位老师,但道德上的懦弱使我没有让他离开。后来,他想换一份工作,并问我要推荐信。我给他写了一封充满赞誉的推荐信。他为我对他的赏识感到十分高兴,以至于放弃了新工作的候选资格,继续待在我这里。

我喜欢这个故事：有一个人想找个看门人的工作。他的前雇主写道，他总体上是诚实的。人事经理想知道"总体上"这个副词是什么意思，就打电话给其前雇主，寻求解释。

"我在这里使用总体上这个词是指并不十分。"答案来了。

如果你对孩子说："去接电话，亲爱的，如果是琼斯夫人，就说我不在。"与孩子知道你生活在谎言中，假装婚姻一切都好，而你和丈夫实际上却相互憎恨相比，这样的谎言造成的伤害并没有那么大。我经常说离婚比活在谎言中好，而且我不止一次看到，孩子在夫妻离婚后变得更快乐，因为他们不再生活在不诚实、充满谎言的氛围中。

我知道很多父母都想成为孩子的榜样。当孩子发现他们过去的某些事情时，许多父母都会感到懊恼——爸爸小时候在学校曾经深受同学们鄙视，妈妈过去在班上总是垫底。我认识的很多妈妈不告诉家人自己的年龄，很多爸爸从不告诉妻子自己的收入有多少。为了保持完美的父母形象，父母的大多数谎言可能都是防御性的，这真是大错特错。孩子应该意识到你们的优点和缺点。这要健康得多。孩子应该喜欢你这个人本身，而不是一个不存在的人。每个小男孩都认为自己的父亲可以对付六个人，只有勇敢的父亲才能坦率承认自己可能打不赢任何人。

最糟糕的谎言之一是类似于"我小时候没偷过东西"这样的说法。任何听到这种胡说八道的孩子都会直觉地明白，自己的父亲年轻时一定时常自惭形秽，或者他很健忘。

大多数父母的谎言源于他们"决不能承认自己是人"这一荒谬观念。如果被问到自己是否手淫过，有多少父亲可以诚实地回答孩子？有多少母亲会承认自己婚前有过性生活？现代孩子有时会问这种尴尬的问题。

是的,很多父母都会在有关"性"的领域撒谎:婴儿从哪里来?是怎样生出来的?如果父母诚实的话,这是些真的很容易回答的问题。我认为所有父母的谎言几乎都没必要,而且几乎所有这些谎言都会让他们自食其果。谎言对父母和孩子都会造成一些隐约和不那么隐约的"阻龄伤害"[1]。

---

[1] 尼尔在这里玩了一个文字游戏,把英语的 damage(伤害)故意写为 dam-age(阻碍年龄)。——译者注

歧视

我住在美国南方腹地亚特兰大郊外的一个小镇上，有一份不错的工作。我和妻子都受过大学教育，但我们的孩子——十一岁的南希和十三岁的鲍勃——因为自己是黑人而深感自卑。附近的每个人，无论公开表露与否，都认为我们低人一等，并把我们当作贱民对待。但我和妻子都坚持不让这种气氛渗透到家里。我们家这两个很棒的孩子都觉得自己有点像受到了诅咒，就因为他们生下来就是黑皮肤。

这不是一个问题，只是一段令人感到悲伤的话。我从来没有去过美国南方腹地，但我读到的相关东西让我觉得不适。我不知道两个孩子上的是混合学校还是黑人白人隔离学校，不知道他们会不会和白人小孩一起玩。白人孩子似乎从出生起就被灌输了仇恨，因为小孩子对于肤色几乎没有或者根本没有天生的歧视。

在夏山，没有孩子会注意到另一个人是黑人还是白人。1936年在南非的一次巡回演讲中，我看到了白人对黑人的仇恨态度，并得知那里的加尔文派教会认可了这种情形，理由是《圣经》里有关于打发黑人做伐木者和汲水者的内容。纯属一派胡言！

深入了解"肤色情结"背后的深层原因需要太长时间,但大致而言,我认为白人将所有那些对自身的憎恨投射到了黑人身上。他们是黑色的,是不纯的;白色是纯洁的。同理,对白米饭和白面包的呼声,就仿佛通过改变优良的天然产物的性质,食品也会得到净化一样。新泽西的一位家禽养殖户曾经有一次告诉我,他必须养来亨鸡,仅仅因为只有很少的纽约人会购买罗得岛红鸡下的棕色鸡蛋。

当然,归根结底,所有的仇恨者都在寻找一个替罪羊。在英国也是如此,在许多印第安人涌入后,我们现在也有了"肤色情结"。

这是一个非常糟糕的局面,这两个年幼的孩子将不得不去面对它。黑人儿童如何摆脱这种大规模的仇恨和不宽容呢?我希望他们有看穿白人邻居不人道行为的正直感和勇气,尽管这些白人邻居会上教堂做礼拜,并称自己为基督徒。

我希望能给你一些实用的建议,但我不能,就像我不能给住在西柏林的反资本主义分子提供建议一样。除了个人的正直和勇敢,很少有其他方法可以摆脱集体陷阱。

我女儿今年十五岁,在中西部小镇的一所高中上学,上周她流着泪回家——由于是犹太人,她被自己全心投入的女生联谊会排斥了。我没有太多能做的用来安慰她受伤的感情。不知何故,她觉得无风不起浪,认为犹太人一定有问题,否则怎么会被那么多人看作如此差劲。我害怕这给她带来心理阴影。我能做些什么增强她的自我价值感呢?我能做些什么来向她证明她面对的那些(反犹)态度是恶劣的呢?

又是反犹主义的恶行,如此多的犹太儿童在学校和社会上受罪。我有一个十四岁的女学生曾经尖叫道:"只要不做犹太人,我愿意付出任何代价!"这些可恶的卑劣行为不仅在美国盛行,在英国也有一些网球和高尔夫球俱乐部排斥犹太人。我认识不止一个反犹的希伯来人,为什么某些犹太人也反犹呢?

对于这种事,家里应该可以做点什么。如果是一个充满爱的家庭,你们应该对此畅所欲言,让女儿明白:势利的联谊会在她生命中没有任何意义,她的学姐们是狭隘的、灵魂扭曲的小人。你应该揭露这一切,给女孩一个广阔的人生观,让她明白生命与信仰、阶级、种族无关。

少数族群中的许多人感到自卑:罗得西亚(津巴布韦的旧称)的黑人、德国的犹太人和纽约的波多黎各人。在向南跋涉生活和工作时,没有一个苏格兰人认为自己不如英国人,他们以自身种族为荣。最优秀的犹太人也有类似的自豪感,应该鼓励那个小女孩相信,不是说她是天选之民之一,而是说她属于这样一个伟大的民族,一个因弗洛伊德、爱因斯坦、乔纳斯·索尔克,以及一些伟大的雕塑家和画家而让世界变得多姿多彩的种族。女孩应该知道,所有反犹主义者都是些可怜的、幼稚的、生活不如意的人,他们不能爱,只能恨。她应该比那些鄙视她的愚蠢女孩感到优越才对。我希望她很快就会明白她们是多么刻薄和无足轻重。

我们对世上的罪恶听之任之。我们知道越南儿童被火焰喷射器和凝固汽油弹活活烤死,我们知道黑人在美国和南非的监狱中遭受殴打。我们对世上许多残暴行为视而不见,只有当报纸发表一篇一只狗挨打或挨饿的故事时,我们才会表现出自己的愤慨。一只替罪羊发出微弱的咩咩声,挑战整个羊群。改进这个病态世界的最终办法是越来越多的人去挑战权力、挑战仇恨,以及挑战那些过时的道德。

反生命态度

学校

面对美国的教育体系,我能做些什么?我女儿十四岁,她讨厌上学,她说在学校里,原创的东西不受欢迎,课程很枯燥,一些老师爱冷嘲热讽。我能做些什么,才能避免她被迫成为一个追求地位、豪车和豪宅的麻木不仁、随大流的女性呢?

女士,我希望自己知道你能做些什么。如果负担得起,你可以把女儿送到一所更符合你信念的私立学校;如果去不起私立学校,你可怜的女儿就麻烦了,只有开明和幸福的家庭才能抵消普通学校里的恶意灌输和死气沉沉。我回过的最悲伤的信是给一些男孩和女孩的,他们告诉我他们有多讨厌他们的学校。我回信道,无论他们多么讨厌这些课程和上课的方式,该死的系统就在那里,唯一要做的就是咬紧牙关接受,并尽快通过它。

给我写信的不乏一些勇于提出疑问的孩子,绝大多数孩子从不提出疑问,只会接受灌输,这让他们以后更容易适应我们的物质社会。因此,对"万能的"美元的崇拜代代相传。唉!性格已经定型的父母缺乏胆量,也不想对乏味的学校教育体系提出抗议。

我没法更好地安慰你,夫人,还有你的女儿。即使知道成千上万的父母和你有着一样的问题,也不会带给你任何安慰。我们在英国也有同样的问题,只是到目前为止,我们还没有像美国的体系那么愚蠢,把每个求职者都剥个精光来做职业测试。某个这方面的美国发言人有天晚上在电视上说,他们甚至给求职者的妻子做测试,因为如果她是唠叨鬼或神经质的人的话,这位先生可能无法专注于他的工作。

至少让人欣慰的是,许多美国父母和孩子正在拒绝激烈的竞争,他们开始评估这个强迫学习和存在竞争性考试的疯狂制度本身了。随你把这称作什么,但不要把这称为"教育"!

我女儿现在七岁,已经上学一年了。她讨厌学校,说老师们对她很刻薄。我和她的一位老师谈过,我认为这位老师不是教育界的一盏明灯。

但是马萨诸塞州的法律坚决要求我的孩子去上学:地方当局说我的孩子必须去她现在就读的那所学校;学校的校长说如果把我女儿转到另一个班级,会扰乱学校的整个安排,因为这会为学校其他所有想要转班的孩子开个口子。

所以我女儿就只能被困在这个她讨厌的班级里。此外,我还担心她可能因此终生讨厌学习或功课。我写信恳求你给我些建议,我可以做些什么或对孩子说些什么让她能更轻松?

哦,这些学校!我数不清从美国学童那里收到过多少封信,说他们讨厌他们的学校。

这个可怜的孩子是体制的受害者,这个体制将每个孩子归类,以便让老师过得尽可能轻松。无论孩子年纪多大,当他说"我讨厌上学"时,这就令人愤慨。

我担心无论是在商业还是在教育领域,都已经开始进行批量生产了——把每个孩子都塞进同样的模子里教育他们,让他们永远不会去质疑任何东西。这个过程会让一些"可怜虫"受苦,但他们不重要,重要的是这个强迫性的系统,重要的是对孩子性格的塑造,以便让所有人都以相同的方式思考、以同样的方式穿着打扮、以同样的方式说话——整齐划一最重要!成千上万可怜无助的孩子在他们工厂般的学校里备受煎熬并且哭泣。

总是同样的故事……"我讨厌我的学校;我的老师让每节课都变得枯燥无味;他们不接受书上没有的答案;他们坚持许多愚蠢的规则,比如换教室时不许在走廊里说话。"

以这种方式迫害孩子,是令人发指的。年轻的生命被落伍的、吹毛求疵的权威摧毁了!枯燥的教学扭曲了孩子们对学习天生的热爱!这让人痛心。恐怕大多数老师讨厌他们的工作、讨厌他们的孩子、讨厌自己。

多么自我中心啊!数学老师认为数学是生活的全部中心——对他来说,别的东西都不重要;地理老师认为了解马达加斯加的首都比打棒球更重要。

你,可怜的女人,起来反对了这个不仅容忍而且选择了心胸狭隘的老师的教育制度。只有当我们的学校充满爱孩子并且理解孩子的男男女女,教育才不是一句空话。

萧伯纳曾说过:"能者实干,不能者为师。"

有多少老师是实干家?有多少英语老师写过一本好书?有多少美术老师能创作出好得足以拿去展览的画作?我过去的许多学生不想成为老师,因为他们个人发展得太均衡、太有活力了,无法进入这样一个系统，在那里他们被期待着成为一个要求孩子服从和顺从的自鸣得意的保守之徒。

但是，作为母亲，你能做些什么呢？你唯一要做的就是让你的孩子在家里感到自由，来试着抵消这个愚蠢的系统的影响。

> 我的两个孩子，一个九岁的女孩和一个十岁的男孩，他们就是讨厌公立学校。我也认为他们的学校很落后，并且在很大程度上没有效率，但我没钱送他们去私立学校，而且法律也不允许我让他们退学。这时我能说什么呢？即使我认同他们的老师是个笨蛋，我这样告诉他们会有什么好处吗？还是会让他们不开心？

他们似乎已经够不开心了，你告诉他们你认为他们的老师是个笨蛋，也不会带来任何区别。这个问题同样困扰着我，因为从美国寄来的很多信中都提到了同样的问题，我想不出一个解决办法。

大多数人和当权者一样，都相信后者有权强加给我们这样的体制。某些学校科目的枯燥乏味会传递给教师，学校里因而充斥着狭隘、自以为是的人——他们的视野被黑板和教科书限制了。如果你想了解大多数教师有多么死气沉沉，请去读读任何一本教育期刊。

改革通常在首次提出后，经过三代人才会得以实现。总有一天，关于同性恋、堕胎、合理惩罚和教育的法律将会出台。今天，面对所有这些人们称之为"上学"的蠢事，少数人只能一边哀叹，一边忍受。可怕的悲剧是，许多孩子接受了学校疯狂的标准，但付出的可怕代价是失去了内心的自由。我们的学校产生了一群"死魂灵"，他们任凭政客、战争制造者和营利者摆布。

你，可怜的女人，身处陷阱中，你的孩子就像玻璃瓶里的蝴蝶。我无法说出任何可以给你带来安慰的话。

但是你应该确切地告诉孩子你对学校的想法和感受——这可能是他们逃离国家灌输的唯一机会。有个和自己站在一边的妈妈,这是一种莫大的安慰。

> 我讨厌上课。为什么我必须学习地理、历史、数学和英语之类的东西?学这些东西对我有什么好处呢?[1]

这个问题来自俄亥俄州克利夫兰十四岁的索尼娅。如果我是一个体面的好校长,我会说:"索尼娅,我亲爱的姑娘,你还太小,不知道什么对你有好处。我们教你这些科目,以便你长大后能够成为一个受过教育的女人。这些科目帮助你思考,尤其是数学。历史告诉你过去发生了什么,这会成为你以后遇到困难时的指南。"

但还是别做个体面的好校长吧。索尼娅,你的问题让我产生了共鸣,我也想问,对于那些不是出于自己的意愿去寻求知识的人而言,这些学业到底有什么好处。几年前我上大学时,历史成绩得了九十五分,但如果现在有人问我英国历史上某些最简单的事情,我未必能回答出来。为什么?因为我从未对英国历史感兴趣。所有这些学业对我有什么好处?死记硬背使我失去了许多宝贵的时间,把它们花在我当时喜欢的事情上要好得多。

索尼娅,除非你成为一名教师或科学家,否则你一生中永远不需要解一个简单的方程式;除非你做某份特别的工作,否则你永远不用记住柬埔寨的出口额,并且在你考完试以后,你也完全不会想

---

[1] 此处为本书中少数几个源自孩子来信的片段之一,后文不再赘述。——编者注

知道这个数字是多少。

关于美国历史，你会记得的少数几件事之一可能是乔治·华盛顿不会说谎，你不会被告知他的一些继任者不说实话。

我希望看到学校变成有创意的地方，但学校里的大多数科目纯粹是在浪费年轻人的宝贵时间。可是，索尼娅，你和我能做些什么呢？我们身处同一个陷阱。由于考试制度，我也不得不在我的学校里教授某些科目。如今所有的男孩和女孩都经受着学业的压力，他们都知道自己的未来（在一定程度上）取决于能否获得大学学位。

我曾经的一个学生现在十九岁了。他的老师说他是天生的音乐家。他申请了伦敦音乐学院，但被拒绝了——他没有通过标准考试。很快，"毕加索"将无法进入艺术学校。

我收到过许多美国学童悲伤的来信："我可以来夏山吗？我讨厌我的学校，我讨厌枯燥乏味的课程，以及任何扼杀创造性思维的标准化教学。"有人补充道："我的老师爱挖苦人。"

我只能悲哀地说："去面对凶残的学业吧，期待你离开学校并且开始你真正的教育的那一天。"

为什么你说教师的必要特征之一是具备幽默感？

我不知道为什么，我只知道如果没有幽默感，确实会给孩子们带来危险。

幽默对孩子来说意味着友善、无须尊重，以及不必害怕，意味着来自成年人的爱。小学生对老师的幽默非常不习惯。当我对一个新来的十岁男孩说："我要找尼尔，你知道他在哪儿吗？"他盯着我，好像我疯了一样。我也曾在一个和我们一起待了三年的十一岁女孩身上试过——"不知道，"她漫不经心地说道，"他两分钟前沿着拐角走过去了。"

幽默，这种无价的礼物，几乎完全被排除在对孩子的教育之外。和小学生开"多边形是死鹦鹉"[1]的玩笑，他很可能会记住多边形这个词。

小孩子有乐趣感而不是幽默感。如果问一个十岁女孩，这个院子有多少英尺[2]宽，她会告诉你的；然后问她苏格兰场有多少英尺宽，她可能只会呆若木鸡。我的一个习惯找乐子的学生马上答道："这取决于大楼里警察和打字员的数量。"[3]

幽默被故意排除在课堂之外，因为幽默是一种"水平仪"，幽默标注着平等，会消灭老师所要求的"尊重"，他的笑声与学生的笑声混合在一起会让他显得过于有"人性"。

我的学校曾经有过很多老师，他们从不批评孩子，以免变得不受欢迎，结果最终他们还是变得不受欢迎。因为学生看穿了他们的故作姿态，并且鄙视这些装腔作势的家伙。这个故事的寓意是：爱是永远收买不到的。

最好的老师是和孩子一起笑的人，最糟糕的是那些嘲笑孩子的老师。我们都知道那种让全班一起嘲笑其中某位同学的下流老师，

---

[1] 原文为 a polygon is a dead parrot，因为鹦鹉常常取名为"Polly"，所以多边形 polygon = Polly（parrot，"鹦鹉"）gon [(gone，"走了") = (dead，"死了")]。——译者注

[2] 1英尺等于30.48厘米。——编者注

[3] 在英文中，英尺"feet"也是脚"foot"的复数形式，因此作为英国首都伦敦警务处总部所在地的苏格兰场有多少英尺（feet）宽，"当然取决于其中有多少双脚（foot）了"。——译者注

学校

想象一下被嘲笑者的感受吧。

我想知道为什么幽默在如此多的人生道路中都受到猜疑。有人说，已故的阿德莱·史蒂文森未能成为美国总统，是因为他太喜欢开玩笑了。我猜每个英国首相都会非常仔细地检查自己的演讲稿，以确保自己不会被指责是一个嬉皮笑脸的人。

在舰队街做记者时，我被派去采访乔治·罗比，他是一位喜剧演员。舞台上的他经常让我开怀大笑，但当我在台下遇见他时，我发现自己这辈子从来没有遇到过这么严肃和悲观的人。多么让人震惊啊！

这让我想起了一个悲惨的人因为悲观去看精神病医生的老故事。

医生拍了拍他的肩膀："你需要振作起来，去看看那个了不起的小丑格里马尔迪。"

"唉！"病人叹了口气，"我就是格里马尔迪！"

没有幽默感的老师是危险的，因为幽默是一个安全阀。如果一个人不能自嘲，他就是个活死人。有人曾经写道：大多数人四十岁就死了，但直到七十岁才被埋葬。他脑子里想到的一定是那些没有幽默感的人。

《圣经》里缺乏幽默，学校教科书中也没有任何笑声。比起阅读一本关于希特勒和墨索里尼的历史书，去看查理·卓别林的《大独裁者》对孩子们来说有益得多。

我朋友的儿子想要退学，但他的父亲不允许。虽然他的成绩很差，但还是成功地完成了副学士学业。如今，那个男孩是一所建筑学院里积极主动并且渴望学习的学生，如果他完全辍学没有完成副学士学业，他是不可能进这所学院的。那个男孩现在感谢他的父亲强迫他把学业坚持下去。是不是有时候一个孩子无法判断长远来讲什么对他有好处,也不得不做些自己不想做的事情?

一个好问题,确实!我不知道结局如何,在目前这个阶段,其他人也不知道。不管怎么样,结局才是最重要的。

一般而言,一个被迫做某事的男孩缺乏下定决心的勇气。如果没有某个像父亲一样的人来告诉他该做什么,我不知道他在生活中会表现出什么样的主动性。

在夏山,我们从不强迫任何人学习,因为如果我们这样做,效果将会是零。这个结论基于我一生的经验。但我可以想象给孩子"打点鸡血"会刺激他向前,至少在一段时间内是这样。然而,我必须看得更远,而不是只顾当下。我看到一个世界,里面到处都是被迫从事并非自己选择的职业和行当的人,这个世界并不美好。

十四岁时,我被派往 100 英里[1] 外的一家煤气表厂上班,我没干好这份工作,后来又成了一名布料商的学徒。我讨厌这两份工作。我很幸运能摆脱它们,但其他成千上万的人不得不忍受他们一生都不喜欢的工作。这个世界充满了温顺、认命的人,他们过着讨厌自己工作的日子。但是我们不应该这么武断,这个小伙子可能会成功,如果是这样,我会将他视作一个例外。

当然,父母必须为他们的孩子决定一些事。例如,孩子去上哪所学校。但是,如果父母在选择学校后说,"你必须学习拉丁语",他们就越权了。非常不幸的是,传统口号"我们年纪更大,知道得

---

[1] 约为 161 千米。——编者注

更多"可能是错误的。

"我受罪是因为我没学过外语,所以我坚持让孩子学法语和德语。"在这样的说法中,有多少是出于父母对孩子未来的关心,又有多少可以归为个人野心?

你的问题引出了教育的复杂性问题。学校里的孩子是被迫的,不仅被迫上课,还被迫学习他们没有选择要学的科目,因而有权威,有绝大多数从不质疑权威并接受条件反射训练的人,有数以百万计生活被工作主宰的人。父亲可以强迫儿子完成大学课程,但不能强迫儿子变得有创造力、变得快乐或各方面均衡。历史告诉我们,一些著名钢琴家在孩提时代都曾被迫长时间练习,但我想知道这些音乐家中有多少是真正快乐的。

当一个父亲强迫自己的儿子走某条路时,他其实是在使用暴力。但是我们应该区分强制和建议,区分施加压力和给出意见。几周前,我有一位年轻的美国访客说他想成为一名教师,但他担心自己会因为大学课程太枯燥而挂科,前来征求我的意见。我说:"我不给建议,我只能向你列举出各种可能的选项。你说你想教孩子。好吧,但是没人会让你去做教孩子的老师,除非你有官方资格证书——所以这取决于你,朋友。"这句话不是强迫,只是听者可以接受或拒绝的常识而已。

回到年轻的建筑师这里:这个小伙子是否受到过于严格的养育,导致他产生了对父亲的无意识的反叛?恐惧是否让他听命于父亲继续学习?这个男孩是否曾经有志成为非学术人士,比如艺术家、音乐家或演员?

是的,是的,我乐于承认在这种情况下"打点鸡血"是有效的,但我更喜欢另一种情形,即这个男孩知道自己在生活中想要什么，意识到自己的目标是什么，然后艰难耕耘"学业粪堆"，收获"玫瑰人生"。

我见过太多鼓吹早期严格管教的人。"小时候一犯错，父亲就打我，但我一直很感激他，是他让我成了现在的我。"我从来没有勇气委婉地问："现在的你到底是怎样的呢？"

> 我儿子是一个聪明的高中生，他说他渴望上大学，进入医学院。然而，他并没有真正专注于他的学业，他只是得过且过。如果成绩总是勉强及格的话，他将永远无法进医学院。如果不向他施加压力，我们怎样才能让他明白他现在所做的会影响他的未来？

这里有个问题。你说你儿子想上大学，但事实是他的行为否定了这个愿望。在我看来，他宣称想上大学不过是为了取悦他的父母。或者这个姿态可能仅仅是：我最好做其他人做的事。

夏山有些学生上了大学，甚至成了教授。但在每个这样的例子中，都没有外部压力或建议。那些孩子知道他们想要什么，并全力以赴地应付那些必须完成的课业。成功的愿望必须来自内心。

我认识一个十九岁的男孩，他不是我的学生。他的父亲是医生，男孩说自己也想当医生。但他并不能专注于解剖学和生理学，他的心思在汽车上，他真的很想经营一个汽车修理厂。这个家庭四代以来一直有医学传统。我希望这个男孩考试不及格并开办他的汽车修理厂，因为那才是他真正想要的。

如果你儿子想当医生，他会学习的。你为什么要担心呢？这是他的生活，他会根据自己的性格、能力和抱负来生活。

在我们这个病态、不公平的社会中,中产阶级父母常有一种恐惧——"如果我的儿子没上大学,他的社会阶层就会跌落下去,最终成为一名体力劳动者。我们希望他至少做个白领,希望他能成功。"

在"成功"这个词所有的衡量标准中,个人幸福这个因素常常被忽略。一个安定的父亲完全不会关心自己的儿子成了出租车司机还是企业大亨,他关心的是:"我儿子是不是一个幸福的人?他给人类争光了吗?"无论如何,你现在对这个男孩做不了太多,不去管他是相当明智的。

当动机只是出于取悦父母时,从来没有一个学生会在大学里真正表现出色。我不得不经常对父母说:"如果你一直催促儿子通过考试,他就不会过。"父母必须相信自己的孩子,必须相信年轻人的积极性,而不是试图以后代们的那些所谓的成就来间接地让自己重新活一遍。

你的孩子可能有对他自己而言至关重要的兴趣爱好。据我所知,他的雄心壮志也可能是成为爵士乐队里的一名小号手。无论男孩渴望什么,对他来说,这都是比医学更重要的东西。

对不起,父母们,我能提供的唯一建议是:别管他。

你说夏山不强迫孩子上课。不是必须上课的孩子如何与被迫学习科目的公立学校学生竞争呢?

我认为答案很清楚。夏山的学生自愿学习,因此他们对学习很有热情。相比之下,数以百万计的公立学校学生即使讨厌某门学科,也必须去学。我花了七年的时间才把拉丁语学得足以支撑我考上大学,我学校的一个男生十五个月就达到了相同的熟练程度。为什么会这样？因为那个男孩想了解拉丁语，而我不想。

对于那些不想学习这些特定科目的人来说，许多学校科目是枯燥乏味的。我的读者中有多少高中毕业生现在可以求解平方根或二次方程？有多少人知道菲利普王之战——这个他们在学北美殖民历史时学过的东西？有多少读者会把菲利普王之战放在心上？

但是，考试制度就在那儿，无法回避。夏山的男孩女孩都知道，如果他们想上大学，就必须通过这些考试。到了要学习的时候，那些想上大学的人就会专心把精力放在这些必要的艰巨学业上。自由给孩子勇气，没有压力的孩子才能在必要时面对困难。

难道老师不能在普通的公立学校使用夏山的原则吗？

公立学校的主要任务是学习学校的科目，上课是强制性的，不喜欢数学的学生也被迫坐在那里尽力而为。必须有纪律，不吵闹，但是自由的孩子会很吵。在一所传统的学校里，一切（事实上，是整个系统）都对老师不利——校园建筑，缺乏真正用来玩耍的空间，要整齐划一。

任何一所大型学校的年轻教师都会发现，想要明显地偏离学校课程是不可能的，或者说，甚至偏离学校的传统和习惯也不可能。普通学校系统中的教师无法尽可能多地如其所愿地使用自由。诚然，他可以站在孩子一边，可以免除惩罚，可以减轻一些家庭作业，他可以做个真正的人，他甚至可以开开心心的。然而，在通常人满为患的教室里，这样一个无拘无束的老师可能会发现自己将遇到各种难题。

我曾经的一个学生在一所小学当了老师，那里有很多棘手的孩子。他对我说:"我从一些夏山的理念开始,但我不得不放弃它们。如果我对一个粗野的孩子友善,他就会把我当成'软蛋',然后教室就会变得闹哄哄的。"那位年轻的老师在与系统做斗争,但他成功的概率很低——校长不会容忍喧哗,也不会接受这样一种观点,即这种喧哗仅仅是一个阶段,迟早会消耗殆尽,学生会安静下来,真正开始学习。

在大型公立学校扩展自由遇到的阻碍不仅在于当局不相信自由,还在于大多数父母也不信奉自由!太多父母把学校看作管教他们犯错的后代的地方。五十年前,在一所苏格兰乡村学校,我体验过父母的这种态度。那时我是一名年轻老师,受到愤怒的父母们的一连串指责。"我把儿娃子送到学堂是来上课的,不是来整天浪的!"

在夏山,保障自由是可能的,因为这是我们接收男孩和女孩的前提条件。此外,我们的许多父母都信奉给孩子自由这个理念,也正是出于这个原因,他们才选择了这所学校。

家庭作业

　　我是一名老师。如果作业如此糟糕，我的一些学生怎么会要求布置作业呢？

　　当学生要求做家庭作业时，我不反对，当然不。
　　如果某个学生让我晚上给他布置一些几何题，我会很高兴。我反对的是，即使学童们对某个科目没有内在兴趣，也要强迫他们晚上做几个小时无用功。实际经验表明，如果取消家庭作业，几乎所有学生都会欢天喜地。

　　我十一岁的女儿不做作业，并且学习越来越赶不上了。如果下学期被安排在同一个班里，她会很不开心。我是要逼她学习还是就让她继续这样跟不上趟？

　　女士，你不能逼她。
　　她已经知道后果，并做出了自己的选择。你的孩子是清醒的，并通过拒绝参与该系统，表明了对其的合理批评。
　　如果你女儿成为这个野蛮制度的受害者，作为个人，你又能如何补救呢？家庭作业曾经对什么人有过什么好处吗？强迫孩子在家学习是死气沉沉的，这种强迫让孩子失去了玩耍时间。你女儿讨厌家庭作业，是因为作业在她的生活中没有真正的意义。

　　我突然想到：也许你的女儿不是那种用功的好学生，也许她天生的兴趣并没有被吸引到学习上来。你必须把你的价值观和抱负强加给她吗？对她来说，做一个没有大学学位的快乐的人，比做一个仅仅拥有大学文凭但并不快乐、一直与自己的内驱力抗争的神经质女孩要好得多。

性

性教育

应该如何处理关于性的问题？

只有两种方式可以处理关于性的问题：一种是道德或宗教的方式——性是有罪的、错误的、肮脏的，另一种是对此现实一点。

学校里的性教育一定很苍白，父母永远不会接受一个讲述关于性的情感部分或直白地提到性交的快乐的课程。按照规定，学校只讨论最基本的生理学事实。就我个人而言，如果要以这种无精打采的方式进行性教育，我完全看不出其意义何在。

一个好的社会根本不需要任何性的指导。从安全的角度来说，女孩只要知道不采取避孕措施的性爱会导致怀孕就够了，男女双方都应该一再被告知性病是真实存在且危险的。在家庭教育中，这个话题会在青春期之前自然而然地出现，并由父母自然而然地处理。

我认为不应该告诉青少年太多做爱技巧，性的乐趣之一就是发现这些技巧。大多数孩子从其他孩子那里获得关于性的信息，但以这种方式获得的大部分信息都是扭曲、色情且残忍的。结果，太多太多女性在蜜月期都有不愉快的性爱体验，太多太多的已婚妇女从初夜开始就对性感到恐惧。

手淫

我的小孩们已经开始沉迷性游戏了——他们彼此之间或和隔壁的孩子们。我训过他们，也打过他们的屁股。我怎样才能阻止他们？

所有的孩子都曾在某个时候玩过性游戏——通常带着内疚感，因为父母将性游戏视为一种罪恶，因为成年人自己对性有负罪感。有多少阳痿的男人和性冷淡的女人把他们的不幸归于小时候玩性游戏时受到的惩罚？明智的父母不管孩子，不去理会性游戏；更明智的父母会微笑并表示认可。

如果孩子们互相挠痒痒，父母会微笑，那互相挠生殖器的痒痒有什么问题呢？为什么性器官很可耻呢？性一直都在，性带来快乐，这就是大自然的安排，以确保人类这个物种的延续。

一个在父母认可的情况下手淫或进行性游戏的孩子，不会固着在性这一快乐来源上，以后也很可能会成为一个表现出温柔和快乐的好的爱人。性方面普遍存在的不幸很大程度上源于父母对性的反对（如果你不相信性方面普遍存在的不幸，请阅读《金赛性学报告》，那是对于虚伪的揭露），让手淫成为一种内疚情结并持续到成年的最好方法就是将手淫标定为邪恶和肮脏的。

> 我五岁的儿子会时不时沉迷于手淫。他从来没有被我或我丈夫约束过，所以没有做错事或羞耻的感觉。但有时让我和丈夫感到尴尬的是，他会在同伴面前玩自己的生殖器。这该如何处理呢？

在类似的情形下，我的一位心理学家朋友对他六岁的儿子说："汤米，你玩你的小鸡鸡，对你妈妈和我来说没关系，但是旁边有陌生人的话，你就不该这样做，因为他们认为玩小鸡鸡是不对的。我们不这么认为，所以单独和我们在一起、周围没客人的时候，你想玩多久就玩多久，想什么时候玩就什么时候玩。"

也许一个五岁的男孩还没能力理解这一点，但应该试试。

> 我四岁的小女儿经常沉迷于性游戏。我知道这对男孩来说相对常见，但对一个女孩来说，这不是不正常吗？

性游戏在小女孩和在小男孩身上同样普遍，只是不那么容易被注意到而已。小女孩有时会在桌子边缘摩擦自己，或者通过骑木马获得性的感觉，又或者只是在被子里挠挠阴部。

一个聪明的妈妈永远不会去干涉。

裸体

我丈夫和我非常强烈地认为身体是神圣而有尊严的,我们不觉得有必要用衣服来掩盖我们的身体。我们已经养成了在家赤身裸体的习惯。我的一些朋友告诉我,在裸体的氛围中抚养孩子会引起一些不良的性方面的反应。你认为是这样吗?你觉得我十一岁的儿子和他两岁及九岁的妹妹们看到彼此的裸体会有什么害处吗?

亲爱的女士,为什么要听你那些反生命的朋友的呢?他们有一些性方面的情结,对他们来说,性是肮脏并且糟糕的。

"不良的性方面的反应",你的朋友是什么意思?性有什么不良的?无视你的邻居们吧,女士,无视这些"死人"。在家中赤身裸体很好,这是非常自然的。

你的孩子以后会避免非常多病态的性行为,很难想象他们中的任何一个人会成为偷窥狂,因为他们已经见了所有那些偷窥狂想要看的。与许多受压抑的青少年不同,当电影屏幕上出现乳房、胸罩、抽水马桶或女人的大腿时,他们并不会发出猥琐的笑声。

男性气质和女性气质

你发现男孩和女孩天生有不同的兴趣吗？

我发现有。曾经我认为兴趣是由习惯和训练决定的，女孩们洗碗并整理床铺，而男孩们则没被指望做任何家务。那是我小时候的风尚。男孩修自行车、玩弹珠，女孩从不，她们会缝衣服、织毛衣。我认为当两性都拥有自由时，这些差异就会消失，但我错了。

夏山的男孩修理自行车、收音机，在作坊里造玩具枪、剑、船、飞机和盒子。我们很少有女孩走进作坊，很少有大一点的男孩上缝纫课。男女双方都会去做陶罐，并在金工作坊中敲制黄铜托盘。他们在课堂上没有什么区别，但我一只手就可以数出那些非常喜欢数学的女孩，只有几个女孩喜欢代数，大多数女孩都对几何避而远之。

男女都喜欢跳舞、绘画、表演以及一些共同的游戏。许多男孩建造树屋，有些女孩也这样干。男孩们挖洞并通过地下通道将它们连接起来，但女孩从不这样做。自由不会改变性别的天生偏好。

月经

我应该什么时候告诉我女儿关于月经的事?

在月经该开始前相当长的时间就告诉她。我认识的一些女孩曾经陷入恐慌,并认为她们正在流血而死。

避孕措施

我十几岁的女儿想要有性生活。我应该给她提供避孕的子宫帽吗?

亲爱的女士,你可以拒绝,但每次她和男朋友出去时你都会感到头疼,你会担心她怀孕。她去参加一个聚会,你会害怕她喝太多,然后和一个也喝太多的男孩糊里糊涂地上床。没错,即使你给她准备好避孕药具,这种情况也可能发生,因为她可能并不总是随身携带着。

你可以让她吃"避孕药",但这样你会开心吗?是你的消极态度以及你对性的恐惧让你如此担心。更重要的是,你的担忧会传递给你女儿,让她感到内疚。她不仅会对被抑制的性冲动感到沮丧,而且还要一直与你的价值观做斗争,因为这些价值观与她的不一致。

性必须有个出口。如果其自然出口受阻,就可能会通过手淫的方式,但这永远不会完全让人满足。自然的性意味着给予、接受和温柔。要么她的性得到升华,或者至少看起来如此,要么大坝决堤,女孩会突然发现自己陷入困境中。

与瑞典相比,美国远远落后于时代。在瑞典,拥有非婚生子女并不是一件什么丢脸的事，国家对已婚母亲的补助和对未婚母亲的没有任何区别。我感觉美国人生活在恐惧之中——害怕性，害怕社会地位低下，害怕低收入，其中最糟糕的是害怕年轻人会质疑老一辈的看法和愿望。

美国家庭可能是最危险的强迫性的机构，不仅是那些灌输宗教思想的家庭，还有那些"自由主义"家庭，那些参与反越战示威游行、与肤色偏见做斗争以及反对过时离婚法的家庭。这样的家庭很少会像那些最保守的家庭那样对孩子采取同样的压制态度，但是这些"自由派"父母也会想要引导孩子：我们比你年纪大，比你聪明，我们最知道什么对你好。

我不同意。这些父母不知道什么对他们的孩子好。这就是为什么这么多看似美好的家庭丢失了自己的孩子，再也无法找到他们。

如果我是你，我肯定会带女儿去看医生，以获得完整的避孕建议。

另一方面，我不止一次看到某位母亲试图强迫女儿有性生活。我曾听到一个十六岁的女孩哭喊道："妈妈，我告诉你，我还不想有性生活。"这样的母亲通常是那种通过提供一种良心上不受谴责的性自由（这种自由在她们的女性前辈那里通常是不被允许的）来补偿她们自己先前受到的压制的女性。这样的母亲向女儿施压是错误的。无论是支持还是反对，性都不应该通过施加压力来处理。性是高度个体化的，不论是对于开始性活动的时间还是反应，任何人都不应该对另一个人发号施令。

一个二十岁的女孩对妈妈说："在我的同伴里，每个女孩似乎都找了个人睡。她们取笑我，因为我不想这样做。我开始觉得也许我也应该这么做，否则我就不合群。"

在这里，我们看到的是来自群体的压力，这是一种可悲的情形。这带来了滥交,以及缺乏爱或柔情的性的问题。但我们必须尽量不要对此做出道德评判。一对年轻人可以非常享受做爱,即使他们并不相爱。但是那些一直在寻找偶然性交机会的青年男女,其性生活必定缺乏某种有价值的东西,你可以把这个东西称为"爱"或"温柔",或者其他任何你想要的称呼。滥交不可能有永久的快乐。当女孩们谈论"稳定"时,她们会意识到这一点,当然,部分原因是稳定意味着像婚姻一样的东西。我见过最幸福的爱情是那些有着某种永恒性的爱情。花花公子和唐璜不太可能给一个女孩带来完全的享受。

回到你的问题:女孩或男孩应该在她或他想要的时候自由地有性生活。没有父母的认可,性生活容易有负罪感;没有避孕药具,也同样很危险。

同性恋

你认为同性恋是错误或罪恶的吗？

当然不，同性恋不是一桩罪孽。一个人无法控制他与生俱来的好恶，他可以控制行为，但不能控制情绪。将一个不同性取向者送进监狱的法律是野蛮的。

我会任命一个男同性恋或女同性恋者担任学校工作人员的职位吗？不会，但这并不是说同性恋是错误的，只是说这会带来许多不便。因为在目前的社会状况下，他/她必须隐藏自己的本性。由于社会的态度，他/她很少感到快乐。他/她必须将自己的性取向巧妙地掩藏起来，而且经常有被抹黑的风险。

我们每个人都有男性的部分和女性的部分。异性恋是大多数，是生命的生物学基础，但是没有一个对性有健康态度的人会谴责同性恋，或对同性恋感到震惊。私下的同性恋活动肯定不会伤害到任何一个不直接参与的人，那么，为什么要大惊小怪，还要对自愿参与的成年人提起刑事诉讼呢？

我们有一些极其糟糕的邪恶行径：我们十分愚蠢的离婚法，我们对同性恋的残酷法律，我们反对堕胎的法律（抛开每年都有成千上万非法和危险的堕胎这一事实）。但是对立法者而言，投票支持一项人道的关于堕胎的法律草案，可能导致失去天主教徒或浸信会信徒的选票，或让他们在投票时弃权。这就是为什么这些让人哭泣的"邪恶行径"至少需要三代人才能被废除。

> 我的儿子威廉今年十七岁，他常常和一群不知何故让我印象不佳的男孩在一起。其中一些人看起来很女性化。我没有任何关于他们是同性恋或有任何不当行为的直接证据，但我非常担心我的儿子可能会受到引诱而成为同性恋。现在这个国家有这么多同性恋，有什么方法可以让我发现他的这种倾向？并且，如果他确实是，我们能做些什么吗？

你不能通过谈话或提供建议来做些什么。很多人有成为同性恋的潜力，而太多的情形会让我们身上这一组成部分得到发展——其中最糟糕的是我们的男女分校。性必须有个出口，同性恋关系往往是在性别隔离的条件下形成的。但同性恋也可以在所谓的男女同校的学校里发展出来，在那里，男孩和女孩只是在班里一起上课。对我来说，只有真正的男女混合教育才是抵消（性别隔离的条件下形成的）同性恋的理想方式。

没有人确切知道究竟是什么让男人和女人成为同性恋。一个普遍的理论是，男孩的父亲无法让母亲满足，男孩就被迫将太多的爱给了自己的母亲，而乱伦因素使母亲成为禁忌，并且这种禁忌被不分青红皂白地放到所有女性身上。我经常注意到，一个对女孩子没有用处的男同性恋者，对待年长的女人却是最细心和温柔的。

父母没有权力去废除那些在某种程度上往往会鼓励同性恋倾向

的场所：军队、男女分校的学校和监狱。

当你抱怨你儿子和一帮年轻人在一起时，我不得不猜测你儿子或许感到与你疏远了，并且正在反抗你的权威。我敢说，一些同性恋者来自不幸的家庭。在这个关头，我很遗憾地告诉你，对于你儿子的早期同性恋迹象，你可以做的其实很少，心理治疗也许可以帮助男孩避免一些你害怕的事情。

影响孩子

父母总是有错吗？每个"问题孩子"都是错误养育的产物吗？

当然，大多数此类情况似乎都是由糟糕的家庭造成的，但显然也有一些来自好家庭的孩子出现了问题。我不知道为什么，例如，两个双胞胎男孩的结果会如此不同：汤姆善于交际，很真诚，而比尔是一个年轻的虐待狂。这就是为什么我常说心理学还处于石器时代。

我见过一对聪明的现代父母的七岁儿子看起来像盖世太保的刽子手，他的面部表情僵硬，双眼冷酷，看起来没有任何怜悯之心；更糟糕的是，他就像从不知道怜悯是什么一样，他还喜欢折磨动物。他的父母给了他爱，在环境允许的情况下给了他尽可能多的自由，但出生时未被注意到的损伤、童年早期的问题、腺体功能不全——所有这些都可能是孩子出现问题的原因。可悲的事实是，即使知道原因，我们在这种情况下能做的也不多，甚至完全无能为力。

我不知道有什么疗法可以触及这种问题的根源。当我开始办夏山学校时，我曾想象心理学可以治愈一切。我带过生下来就有问题的学生、有昏睡病的学生、倒着走路的学生，我对他们无能为力。如果有人在教育这些类型的孩子上取得了成功，我很乐意听他们是如何做到的。

以一个父母不想要的孩子为例——他是在一次失败的堕胎尝试之后出生的。如果这样一个孩子对生活有着仇恨的态度，我们能做些什么呢？我可能会试着给父母一些慰藉，告诉他们有一个坏孩子并不是他们的错。唉，在绝大多数情况下父母都有错，最糟糕的可能是那些哭着喊着"我们为孩子做了一切，他却成了一个粗野无礼、让人心碎的人"的父母。不是每一个，但很多问题儿童都源于父母的压制、潜藏的恨和他们生活中遭受的挫折。

  我正怀着我的第一个孩子。我读过你在《夏山学校》一书中关于"焦虑会被准妈妈传染给子宫中的孩子"的说法。但所有这一切都是无意识的，不是吗？像我这样的人，当我意识到自己非常焦虑时，我怎样才不会将恐惧传递给我未出生的孩子？

我只是说，如果我没记错的话，当一个女人不想生孩子的时候，她无意识的担心可能会影响到孩子，让宝宝从一开始就害怕生活。我没有证据证明这个理论的有效性，它也可能完全是错的。

每个女人和男人都会被某种形式的焦虑折磨。女人不想生孩子可能是因为恨孩子的父亲或害怕自己的身材变形；如果孩子是非婚生子女，她可能是因为害怕舆论，徒劳地想去堕胎。我猜想如果一个孕妇害怕坐飞机，她的恐惧也许不会影响子宫里的孩子。我不知道，没人知道。而我的猜测仅仅是，不想生孩子的恐惧可能从宝宝出生的那一刻起就带给他一种反生命的感觉。亲爱的女士，如果你想要孩子，就无须担心。

如果这让你感到担心，我很抱歉。但是振作起来，至少你意识到了自己的焦虑，隐藏的焦虑很可能才是最危险的。

我们的女儿今年二十一岁，她在巴黎学习艺术。她在那里已经两年了，只是不想回家。我丈夫每周给她寄一份生活费。我们最近去看她，发现她正在认真学艺术，过得相当快乐。她对于我们坚持认为她已经在国外待了足够的时间并且应该回美国感到非常震惊。我丈夫觉得她有权过自己的日子，但出于同样的原因，她不应该让我们从经济上支持她自己选择的生活。我知道如果我丈夫断了她的生活费，她就会住在阁楼并做一份卑微的工作来养活自己。一想到我的小女儿会生活在如此恶劣的条件下，我就不寒而栗。我反对丈夫的建议，他说我们的女儿现在必须长大，要对自己的行为负责。想到她接下来会怎样，让我战栗。究竟谁是对的，我丈夫还是我？

我觉得你丈夫错了。如果小姑娘在巴黎过得很开心，为什么你的丈夫不满足，甚至不高兴？是出于他占有性的爱吗？我不清楚他是吝惜金钱，还是他认为这个女孩没有幸福的权利——只有在满足他的条件时才可以幸福。

而她为什么还是不想回家呢？她在巴黎的生活是如此有意思，回到郊区的保守环境对她来说将是地狱。她的拒绝也可能是在抗议一直对她行使威权的父亲。

金钱往往是爱的替代品，有许多得不到爱的孩子却从父母那里得到了许多过于珍贵的礼物。在这种情况下，如果金钱意味着爱，那么父亲就是在收回对她的爱。如果父亲是一个相对比较穷的人，他可能该要求女儿养活自己，但我有一种感觉，这个父亲是有能力

影响孩子

养活她的。

让我们回顾一下这个局面。某位先生有一个在法国过得很幸福的女儿,他是一个重视身份象征的传统美国人。他想让女儿待在家里,为了大户人家的面子,为了让女儿进入他的社交圈,帮忙打理与商业伙伴的交际关系。"如果我女儿离开太久,"他猜想,"我的朋友们会认为她的家庭有问题。在法国,她可能会找个留长发、蓄胡须的艺术家,而且没有钱。但我非常希望她嫁个年轻的高管,保持社会地位,拥有金钱可以买到的所有好东西。"

你的丈夫应该问问自己:"我爱不爱我的女儿?如果我爱她,只要她还需要,我就会给她生活费;如果我爱她,我就会让她自由选择任何一种生活、任何一个伴侣。我不会强迫她过我喜欢的生活。"

职业

我白手起家把生意做得很好,自然希望我的儿子们在我死后能继续经营。但是其中一个男孩想当演员,另一个想当飞行员。我能做些什么呢?

什么也做不了,完全做不了什么!若是六十年前,你的儿子们会按照爸爸的吩咐去做,然后进入你的企业。由于对此完全无感,他们可能会毁了它。

毕竟,想想你的企业能为他们提供什么?财务安全,但这可能以精神上的消沉为代价。

你的儿子们想做一些积极的事情。另一方面,你为他们寻求安全。这是一个简单的个人偏好问题:是富人区的一所大房子,有三辆汽车和一个无聊的社交圈,还是演播室或空中的冒险世界。

然而这毕竟不是那么简单。一个人辛辛苦苦把生意做起来。他做到了,这就像他的孩子一样,他拥有它。想到自己创造的东西与自己一起消亡是会很痛苦的。我能理解你的感受。我创办了夏山,我认为这是一个美妙的地方,但如果我的继承人想把它变成一所马术学院,这个想法并不会困扰我,因为我死了,无法感到失望。这里的情况不同,因为你还活着,你看着你的儿子们放弃了你的毕生事业。你可能享受了很多年建立并发展事业的快乐,这证明了带着希望旅行比到达目的地更重要。

但是,如果你的儿子们想要寻求另一条通往幸福的道路——你,他们的父亲,可能会长叹一口气,但你应该伸手去拿瓶威士忌,对着酒杯咧嘴一笑说:"我做了我想做的事。他们享有同样的权利。"

事实上,你的每个孩子都可能以他自己的方式取得比你更大的成就。许多后辈开始做生意,过着不冒险的生活,是为了什么?为了安全、体面、小人物的社会地位?当年轻人离开前人踏出的道路,走出去寻求丰盛的生命时,我们应该感到欢欣鼓舞。

我和我的妻子都是音乐家,我们将一生都献给了音乐。我们的儿子八岁了,在我看来已经到了可以开始学小提琴的年龄。他没有主动要求学,每次谈及这个话题时,他都敷衍我。我知道,如果他要成为一名优秀的音乐家,就必须尽早开始。我应该强迫他上音乐课吗?我觉得他这个年纪还不足以知道什么对他有好处。

但是这位父亲,你知道什么对他有好处吗?音乐对他来说可能毫无意义。如果你不顾他的喜好强迫他去拉小提琴,那将是一种罪过。

你已经接受了这样一个谬论:因为音乐对你来说是一种快乐,所以它应该是并且将会是你儿子的一种快乐。"哦嘀!"我说,"没那么容易!"给一个男孩取名为"贝多芬·莫扎特·琼斯",他也可能会成为一名拳击手。

我们没有权利塑造孩子的生活。多年来,我一直听到这种令人作呕的论调：孩子知道得不够多，如果我不教他音乐、艺术或诗歌，他可能以后会在这些方面很匮乏。胡说！如果这个男孩是天生的巴赫，没有什么会让他远离音乐。

我不知道为什么这个错误的论调通常是关于音乐的。我从来没有听过哪对父母说："我们必须强迫我们的儿子学习生物学，这样他以后在生活中就不会因为对这门学科的无知而责备我们。"

我曾经在伦敦的一所学校任教，演奏家所罗门曾是那里的一名学生。七岁时，没有人能阻止他弹钢琴。如果他的父母坚持让他成为一名天文学家，他会变成什么样子呢？

父母这样培养孩子的兴趣是完全错误的。我有一个"邪恶的"猜想，这个小伙子听了太多钢琴和小提琴，他想生活在一个安静的世界里。

这位父亲，如果你强迫你的孩子学习小提琴，你可能会后悔的。

审查

我应该审查我女儿的读物吗？她十五岁，她带回家的一些书让我反感。

如果你想让她对色情文学有很好的品味，当然要禁止她的书。我记得有一天我的父母禁止我阅读哈代的《德伯家的苔丝》。我们都私下津津有味地读它。

审查制度是非常愚蠢的。如果玛丽不知道一个流行的四字母词，当她在书中看到这个词时，这个词对她来说就不会意味着什么；如果她已经知道那个词，读到时也不会让她道德败坏。

审查意味着对性的恐惧，仅此而已。当一个家庭对性保持开明态度时，书和电影都不危险。审查是父母谎言的延伸，是圣诞老人或手淫让人发疯这些古老谎言的延伸。在维多利亚时代，审查制度可能在一定程度上奏效，但如今，审查制度已经行不通了。年轻人完全能更好地自己去判断什么是好的，什么是坏的。事情进展得多么缓慢啊！和维多利亚时代为三角钢琴的腿穿上衣服的女士们相比，并没有多少父母进步了一些。美国有一场运动，要求宠物主人给宠物穿裤子来使其变得端庄些！在我看来这太愚蠢了，以至于我很想将其视为某种讽刺性的玩笑。

我们夏山学校的图书馆收藏了《查泰莱夫人的情人》《北回归线》《芬妮·希尔》,我从来没有看到过学校的青少年阅读这些书。法律制造犯罪,审查制度制造色情,色情继续滋养着人性的疾病。

> 我的孩子们对漫画很着迷。我曾读到一些不适合儿童的漫画,但是在我家,我没有看到阅读漫画带来什么不好的后果。你怎么看?

当我还是个小男孩时,漫画很滑稽。后来,许多漫画都很可怕,充满眼睛被挖出或半裸女性被鞭子殴打的场景。虽然我们可能会憎恶那些展现虐待狂和变态的漫画杂志,但对漫画的审查远比漫画本身更糟。

作为成年人,我们当中有多少人对上述类型图片不感兴趣?我们在电视上观看穆罕默德·阿里一次又一次地击打踉踉跄跄的帕特森,我们对意味着淫荡行为的性爱场面有浓厚的兴趣。

你不能对儿童隐瞒所有的暴力。你们的日报说:一个白人大肆谋杀了一个黑人,够坏了!但随后又继续说,南方陪审团做出了无罪判决。这可是不公正的谋杀,然而,你并没有禁止你的孩子看那份报纸。

你不能为年轻人屏蔽当今的邪恶——你能做的是让这些邪恶对他们失去吸引力。我说的是"做",不是"说教"!

不良同伴

> 我儿子和一个性格不太好的男孩——一个大摇大摆的骗子和恶霸——成了朋友。我儿子开始模仿他。我如何让儿子意识到这个男孩对他有不好的影响呢?

每个男孩都会遇到恶霸、骗子或招摇过市的同伴。如果他们身心健全,很快就能意识到自吹自擂者的装腔作势和自卑。试图用言语让男孩离开他的不良同伴无济于事。

我认为最好的,也是唯一的方法,就是让你儿子的生活尽可能充实和快乐。问问你自己,他与这个男孩为伴,是不是因为你们家太"好"、太"道德"、太受约束了。他一定是被同伴吸引了,因为他从同伴那里得到了一些他在家里得不到的东西。

但是为什么这么担心撒谎和大摇大摆呢?大多数人,无论老幼,无论是不是政治家或销售人员,都或多或少会这样。如果你儿子对你撒谎,他很可能是害怕告诉你真相,因为害怕你斥责他。

人不会一直模仿别人,除非被模仿者的缺点是他们自觉或不自觉想要拥有的。英雄吸引那些想要像英雄一样的人,希特勒的党卫军吸引了德国所有的虐待狂和变态,葛培理牧师吸引了所有那些相信自己是罪人的头脑简单的人。你不会跟随一个领袖,除非他是在去往你想去往的方向。我真的觉得你们家可能缺了点什么。

性格塑造

> 我是一个和平主义者。我应该试着让我的孩子也成为和平主义者吗?

人可以分为两类:那些接受父亲并因此成为体制一员的人,以及那些拒绝父亲并成为反叛者的人。前者占绝大多数。

在上流社会,许多小伙子会在二十岁挑战父亲的人生哲学,五十岁时却投票给保守党。

一个人可能是个和平主义者,同时也是个不令人满意的父亲;可能是个大惊小怪的家伙、一个性方面的卫道士,或相信某种不吸引年轻人的宗教。在信奉和平主义的家庭里,和其他类型的家庭一样,孩子可能会反抗这种不易觉察的(对自己的)塑造。

不,我不认为你应该有意识地试图把你家人的思维方式转变为和你的一样。如果家庭有爱的基础,你的儿女会无意识地受你的想法影响,他们有可能会接受和平主义。

我的朋友,我认为任何人都不应该试图塑造自己孩子的生活或思想。我们必须准备好接受我们后代的行为、信念,即使这会违背我们的原则。我认识的一位和平主义父亲有一个儿子很喜欢飞行。

学习飞行的唯一途径是加入当地的空军训练学校，父亲却断然禁止他进入军事机构，最后儿子离家加入了英国皇家空军。那位父亲本该顺从儿子的意愿。

我们大多数人不会为孩子而活。我是一个人文主义者，但我不敢尝试让我的孩子信仰人文主义或任何其他信条或信念。我会回答我女儿的问题，但我不会大张旗鼓地让她以我的方式思考。她看到了我的生活方式，如果她赞同，就可能会遵循。没有什么比我的行为更有说服力或更有意义的了。

同样的事情也适用于信念。我的孩子现在应该知道我相信什么，不需要用这种或那种方式说服她。通过观察，她有足够的时间决定是否认同。

不需要这样，我说，过好自己的生活，也让孩子好好生活吧。

我对精神分析文献中经常出现的关于隐藏动机的说法不屑一顾……比如，和平主义者是一个虐待狂，过度补偿了自己无意识的残忍，或者和平主义者是一个身体上的懦夫，为了避免在战斗中丧生而将自己的动机合理化。这就好像说折磨人的盖世太保过度平衡了对犹太人强烈的无意识的爱一样。如果所有这些将思想和行动归因于无意识动机的做法是正确的话，那么人们会认为精神分析家自己，在发现了自己的无意识驱动力后，将会成为没有任何情结的了不起的人物。在遇到过数十个精神分析家之后，我可以向你们保证，分析家的行为与大多数其他人并没有太大不同。

我和我的妻子积极促进公民权利，我们坚决反对越南战争。我们的孩子，一个十八岁的男孩和一个十六岁的女孩，不想参加民权游行，他们甚至不佩戴反轰炸徽章。我们对他们感

影响孩子

到失望。我们是否应该尝试让他们追随我们的脚步走向一个更自由的世界呢？

当然不！你可以试试，但无论如何，你不会成功的。

你们不应该期望孩子成为自己的复制品。他们可能已经厌倦了这一切，因为在你们家一定有很多关于你们的信仰和行动的讨论。也许你们的孩子正忙着抗议来自家庭的压力，没有多余的力气去抗议黑人遭受的待遇。

一个"自由派"的家庭并不总是一个自由的家庭。你不能通过谈话或传道来改变任何人。哦，是的，一个葛培理牧师可以让很多情绪受到压抑多年的人皈依宗教，但在大多数情况下，这种皈依能持续多久是值得怀疑的。父母不应该试图让他们的孩子皈依任何东西！

反之亦然。我刚刚回答了芝加哥一个女学生的来信。我写道："不要试图让你的父母相信夏山。你说他们反对夏山，那你对他们说的任何话都丝毫不会改变他们的信仰。"有真正皈依的例子，但只发生在皈依者已经无意识地寻求皈依一段时间以后。

你的孩子拒绝你们的人生哲学，那就这样吧，你们无法控制。即使你们的儿子成为"三K党"的一员，或者你们的女儿成为站街女，你们也无能为力。我猜他们两个觉得他们在家里已经接受了足以持续一生的灌输了。

灌输仇恨可能比灌输爱更容易。我在电视上看到的所有那些南方腹地的白人孩子，当他们扔石头砸黑人孩子时，脸上充满了仇恨。这种仇恨不是天生的，而是从婴儿时期开始一直被强行灌输的。比起爱滋养爱，仇恨滋生仇恨似乎更容易，这是人类的弊病。有一对充满仇恨的父母一定是孩子能遇到的最严重的阻碍之一。

此外，我还要对父母说：别管你们的孩子。如果他们心里真的有爱，他们会找到自己的方式来抗议生活中所有丑陋和可恨的东西。如果他们真的相信受压迫的人应该得到帮助，他们会用自己的方式去提供帮助；如果他们对他人的需求无动于衷，那你所说的任何话都不会产生丝毫影响。

一个十七岁的年轻人对我说："我在伦敦参加了一些反轰炸游行，但我一直在想这是多么徒劳，因为我知道我们这些少数人绝对没有权力改变那些统治者制定的政策。"无论对错，他有自己的看法。

自由不是在大肆鼓吹造反，这些自由的孩子经常佩戴反核徽章，但没有人因在特拉法尔加广场与伯特兰·罗素一起静坐而被捕。事实上，我认为我是唯一一个因静坐抗议而受审的夏山人——我在苏格兰的北极星基地静坐，被判处六十天监禁、罚款十美元。我没有再试一次，因为我得出的结论是，这是一种用处不大或者完全无用的方法。

不，自由不会导致造反者。这里出现了一个尴尬的问题：要反抗当权者，就必须首先遭受很多痛苦吗？正如雪莱所说：

大多数不幸的人都误入诗歌的摇篮，
他们在苦难中悟出其中教导的东西。

回到你的问题：父母必须试着去看看孩子的观点。你的孩子对你关心的事情可能深有感触，但也可能觉得——尽管他们不会表达出来——从实际角度讲，你们的方式太窝囊了。

在我的教学中，我从来没有把我自己的个人问题强加给学生，所以如果你问任何一个我的学生关于我私生活的问题，他们都不会知道答案。比如，我的政治立场是什么，我对宗教、医生和毒品的态度是什么？他们不知道。我也很高兴他们对此并不关心。

最大的危险是老师试图用自己的信条给学生留下深刻印象。教学的任务是激发思考，而不是灌输信念。

假设一个人真的相信地球是帽子，并在闲暇时间举一面巨大的旗帜游行，来宣扬他的"真理"，我很难想象哪个孩子会和他一起游行。你会认为这样的孩子不尊重父母或忘恩负义吗？你的信念和激情是你自己的，不要把它们强加给你的孩子。

当我的孩子体验到周遭的仇恨、偏见、敌意和战争时，我如何才能让他们对生命充满爱和敬畏？

这是一个难题。怎么办呢？

然而，我们在夏山成功做到了。我曾经的学生永远不会仇恨黑人或犹太人，也不会成为战争贩子。我们的孩子长大后会变得慈善和宽容，但肯定不会对他们所生活的病态世界一无所知。给孩子一个幸福的家和一所幸福的学校，他成为仇恨者的风险确实会很小。

在夏山我们有很多孩子，有猫、母鸡和鹅在孩子们经过的小路上游荡，一点也不害怕——确实，有时很难让那些嘎嘎叫的鹅让路。给孩子爱和自由，他们会自然而然地对动物和人类的生命产生敬畏。我不知道还有什么别的办法。

我们针对年轻罪犯的改造学校以其严格的纪律和惩罚，一直在滋生仇恨。每个打孩子屁股的父亲都会让他的孩子产生憎恨和恐惧。每个愚蠢地咆哮着的老师都有同样的效果。这个世界的唯一希望是新一代的孩子得以热爱而不是憎恨生活。

但是，唉，大多数孩子从一开始就受到诅咒——被规训、说教、惩罚，并受到那些在他们的时代被引导着仇恨生活的人的灌输。

因此，当我去参加教师大会听到一些有关考试和职业的发言时，我只会感到不适。家庭或学校里唯一好的教育是让情绪得以自由表达。

婚姻

> 我们是犹太人,我们的儿子想娶一个非犹太人。我们应该禁止这门婚事吗?

我不知道你是不是个正统的犹太人。你可能永远不去犹太教堂,但仍保留你的宗教和家族传统。然而,我希望你能允许你的儿子多爱异教徒。为了你儿子,也是为了你,我希望如此。

我曾经认识一位著名的犹太艺术家,他不得不和自己心爱的人"非法同居",直到父母去世才娶了她。一切都显得如此疯狂,如此愚蠢,如此狭隘。然而,试图控制"爱"的不仅是宗教,社会阶层所施加的压力几乎相同,因为底层人不会到大户人家去提亲。在现实生活中,商界巨子很少娶灰姑娘。

禁止婚事的父母会失去儿子的信任和爱。凭良心讲,你想阻止他娶他所爱的人吗?如果他放弃这个女孩,去找了个更能让你们接受的犹太人,但过着地狱般的生活,你们会有什么感觉?当然,这可能不会发生,但话又说回来,这也可能会发生。如果确实发生了,他将总是在想:我爸爸妈妈把我弄进这个烂摊子,毁了我的生活。

很多时候,父母都倾向于通过外在的东西来判断一个潜在的婚姻。"她的钢琴弹得很好，父亲是一位备受尊敬、成功的医生。""他获得了文学硕士学位，他的父亲是校长。"——好像会弹钢琴或有一个成功的父亲就能保证婚姻的和睦与幸福。

父母以一种失之偏颇的方式看待事情，这取决于对象是他们的孩子还是他们的女婿或儿媳。有一个很有启发性的故事，一个人问自己的邻居："罗森伯格夫人，你的女儿雪莉怎么样？"

"哦，雪莉啊？"罗森伯格夫人回答说，"她有一个非常棒的丈夫，有件貂皮大衣和一辆凯迪拉克，还有很多仆人！这么好的丈夫！他把早餐端到她床上，她一直到中午才起床。他真是个王子！"

"你的儿子山姆呢？"

"山姆？他娶了个贱女人！他给她买了件毛皮大衣和一辆汽车，还给她买了很多奢侈品。但她一直睡到中午才起来！甚至从不起来给他做早饭！"

> 你对混血婚姻有什么看法？

我想我应该会有点担心，不是担心婚礼，而是担心孩子。因为在我们的社会中，混血儿一定会感到自卑。但我自己身处一个没人在乎孩子是不是黑白混血儿的社群中。反犹主义也是如此。我们在夏山有犹太孩子，没人在乎，我们的大多数孩子甚至不知道谁是犹太人。

> 我女儿十六岁。她爱上了一个马上要进大学的二十岁年轻人。男孩想娶她，她想试着让我同意这门婚事。这个年轻人的父母很富裕，愿意支持他上大学及以后的学业，所以不存在经

济障碍。但是,我觉得十六岁就进入婚姻太早了。我的女儿和她这个年纪的其他人一样成熟,但我就是无法克服自己的看法——她太年轻了,不能结婚。你怎么看?

我个人会让她嫁给那个男人,但我很清楚你作为母亲的担忧。这个女孩已经为性和生活做好了准备,就想要这么做。婚姻可能会以失败告终,但这可能发生在她二十六岁时。

请允许我沉迷于自己的幻想:这个男孩最后被征召入伍,在越南惨死。女孩哭着说:"我们本来可以至少拥有短暂的幸福的。他们就是不让我带着爱生活。"

但是,这位妈妈,我也很同情你。这个年轻人有钱,你可能会想象你女儿将卷入一场对财富和名声的毫无止境的追求中,因年轻人的财富所能提供的一切——昂贵的衣服、豪车和疯狂的社交圈——而变得浅薄愚蠢。你的女儿可能进入一个肤浅的世界,其中一切深刻而重要的东西都被扔到一边。

还有什么选择呢?你女儿的感觉是,如果你爱她,就不会挫败她年轻的爱。事实上,你可以让她等上一年再做决定,但是如果你要求这个等待期是无性的,你的女儿还是会抱怨。

父母干涉孩子的爱情是多么危险。我知道不止一例,因为父母认为对方不合适——你知道,(觉得女儿)下嫁了——而叫停了婚礼,然后那个女孩出于报复嫁错了人,生活得很悲惨。

你将不得不以尽可能的超然态度来权衡你所做的决定的后果。你的问题没有提到下面一些重要的因素:你个人喜欢这个年轻人吗?你认为他足够稳重,可以做一个丈夫吗?你对自己的性生活是否满意?如果不满意,你的焦虑是否源于你自己的恐惧?你对几乎所有的事都感到害怕吗？你的女儿在家是不是不开心，在寻求初次离开家的机会呢？

还有一点：医生们一致认为，这一代的女孩比上一代更早成熟。这个女孩在十六岁时可能会像以前二十一岁的女孩一样为婚姻做好了准备。

而且，这位妈妈，请记住，许多女孩在面临恋爱禁令时会离家出走。如果发生这种情况，你心中会有更大的担忧。

童年问题

在当我们六个月大的小女儿哭泣时该怎么办这一点上，我丈夫和我意见不一。我会去抱她、安慰她。我丈夫说我会把她变成一个被宠坏的、难满足的孩子。你怎么看？

我认为你是对的，你的丈夫错了。没有孩子会无缘无故哭泣，婴儿可能是感到哪里疼、孤独或是饿了。很可能她哭是因为她想被爱。

我想知道人性的毛病中有多少是源于对婴儿需求的无知。没有孩子会因为拥有太多爱而被宠坏。你丈夫的方式会给她带来情感上的饥饿和恐惧，可能会导致终生的神经症。请理解：孩子不是想欺负你，他们有一种无意识的需要、愿望和渴望。不要挫败她幼小的生命。

爱她，继续爱她。

打屁股

我有时会在我三岁女儿淘气时打她屁股。这样做是对还是错?

这不是对与错的问题,在某种程度上,这是一种懦弱的表现,因为你打的不是和你自己体形一样大的人。我认为你不会在丈夫讨人嫌的时候打他。是因为不敢吗?他可能会回击你。当然,打你三岁的孩子是绝对安全的,因为她不能还手。

打屁股是成年人发泄愤怒、沮丧和仇恨情绪的出口。去调查一下看看大多数打屁股的母亲是否性生活不满意,或者性冷淡并因此厌恶性,这应该是一件有趣的事。快乐的妈妈不会打孩子屁股,她们不需要这样做,因为她们的幸福状态会在不知不觉中传达给孩子。传统和公共舆论假定孩子自然会得到父母的爱,但如果父母彼此不再相爱,孩子可能会在一个不快乐和缺乏爱的气氛中长大。

很多孩子是故意调皮的,但自己并没有意识到这一点。"妈妈不爱我,如果我得不到她的爱,我就要得到她的恨,因为我必须从她那里得到一些重要的反应。"

与其打孩子,不如坐下来思考自己做错了什么。"我的生命只是为了活着吗?我要为这些让我的生活变成地狱的小子牺牲我在舞台上的事业吗？""我现在快四十了。我的丈夫，我知道，他喜欢看年轻女人……别动那个东西，孩子。拿这个！"没有一个心怀不满的母亲能把家庭照顾好，她可能会激起恐惧，但不会激发爱。

当你打孩子屁股时会发生什么？一方面，你让孩子感到恐惧，这是一件没人有权做的事情；另一方面，你失去了孩子的爱，他在挨打后表现出的悔恨之情是虚假、不真诚的，是由受到你的排斥引起的。

那种哭着说"我不再爱你了"的妈妈是最糟糕的妈妈，如果真有罪大恶极这个东西，那就是这个。每个孩子都在寻求爱和安全感，每一次打屁股对他们都有着深深的心理冲击。可怜的孩子对"投射"一无所知：他没有意识到因为老板，父亲在办公室度过了糟糕的一天，他从不敢在办公室里表现出来的愤怒是一种移置而来的愤怒；孩子不知道他的母亲可能性饥渴，或者她可能对自己婴儿期的某个人——可能是她的父亲——产生了性方面的固着，因此无法与丈夫有美好的性生活。

当男孩因为衣服上沾着泥土走进来被打屁股时，他并不知道这是因为他的母亲担心邻居们会怎么想，许多孩子只是因父母为了"满足"邻居的看法而受到惩罚。你会在火车车厢里看到这一幕，当小家伙沿着车厢内的过道跑来跑去时，他的母亲想"我必须让大家知道我的孩子很有教养"，于是就打了孩子的屁股！

我没有忘记，即使是对于最冷静平和的母亲而言，孩子也可能是一种滋扰——他们不断吵闹，乱碰成年人的东西。吵闹通常是出于嫉妒。在大多数家庭中都有很多嫉妒。此外，无论父母口头上怎么说，他们都无法以同样的热诚爱着自己的每个孩子，这一事实增强了无意识的嫉妒。父母会更喜欢某个孩子而不是另一个孩子，孩

童年问题

子会感觉到，尽管可能没有意识到这一点。

如果有纠正打屁股的方法，那就是被激怒的成年人的自省。打屁股是象征性的阉割，它破坏意志、引起仇恨，甚至可以毁掉一个生命。成千上万在童年被打屁股的人后来会继续打自己孩子的屁股。

打孩子屁股的父母是一些小人物，一些充满仇恨、懦弱的人。我希望父母能够对他们自己真正是什么样的人有所了解……这些贫穷、落后、不快乐的人披着粗俗的权威外衣，因太幼稚而无法体面地使用自己的权威。唉，大多数父母都身不由己，因为他们是一些对儿童天性一无所知的家庭和学校教育出的受害者。

破坏性

我们住在一个三居室的小公寓里,这是我们经济负担得起的最好的地方了。我们有一些自己很珍惜的小摆设和纪念品,一直非常担心小家伙爬上椅子,伸手够到并弄坏这些非常精细的东西。我们知道,在理想的情况下,我们应该为这个小男孩准备一个单独的房间,在那里他不会破坏任何对我们来说有价值的东西。作为致力于实践夏山理念的父母,我们非常担心让他背负着不能碰身边很多物品的限制。你有什么建议吗?

在这里,我们遇到了一个普遍的问题,即青少年和成人,价值观之间的鸿沟。在每个家庭中,父母都必须告诉孩子不要碰某些东西——长着诱人尾巴的猫、烹饪用具、电插头。在上述这个情况里,最好的解决方案是让父母将所有贵重物品放进封闭的橱柜里或高架子上。

在某种程度上,你的孩子比你有更现实的价值观。对父母而言,装饰品、照片等具有一种稳定的价值;对孩子来说,他们喜欢的东西是可以移动、可以用来做某事的东西——例如听到玻璃水壶砸碎在地板上发出的声音所带来的喜悦。在大多数情况下,这些纪念品和人工制品的消失实际上并不会对普通成年人真正的日常幸福产生丝毫影响。

一般来说，高估东西价值的是母亲；是她会去买对父亲来说意义不大、对孩子来说毫无意义的花瓶。几乎每间房子都堆满了甚至连装饰作用都没有的小摆设……壁炉架上的全家福，玛丽阿姨去年圣诞节送来的碗。我几乎都想说，让小家伙在家里四处蹦跶是件好事，但我承认，这跑题了。

真正的问题是，成千上万的孩子不断为一些东西和愚蠢的禁忌做出牺牲：在餐桌前要坐直，在菜全部上桌之前不要开始吃，别将任何东西洒在灶台上。

这都是价值观的问题。父母可以问自己：我最看中哪个——是小孩子还是那个水晶瓶？在孩子还小的时候将瓶子收起来，你将同时拥有你的孩子和你的宝贝。

> 我们六岁的男孩喜欢打碎窗户。我们可以让他继续这样做，但我们没那么多钱修玻璃窗。我们能做什么？

此刻，夏山就有这样一个六岁的男孩。他经历过相当严格的家教。我问他是否打碎过家里的窗户，"打碎过，但我现在不这样干了，因为我被抽了一顿"。

显然，这个小家伙是在寻求爱。他是典型案例之一，其潜意识思维是：如果我得不到爱，至少会得到恨。我们的员工尽最大努力表达对小家伙的爱：窗户损坏之后紧接着的是拥抱和认可。甚至我们的学生都为他竭尽全力：在学生法庭上，他们从不指控他肆意破坏，因为他们知道这背后发生了什么，他们同情这个可怜的小淘气鬼。

我不知道你家的情况，只能猜测小孩子认为自己在某种程度上被忽视了。毫无疑问，他正试图赢得关注。我敢肯定，惩罚只会让他表现得更糟。

即使你有钱，我也反对你和他一起去打碎玻璃。我曾经认识一位校长，他的学校爆发了打碎窗户事件。他加入了这场"狂欢"，但全班学生都哭了，因为他们知道他在做一件他不认同的事情。当伟大的教育家霍默·莱恩与他的"不良少年"一起去搞破坏时，他自己就是个开心的小学生。莱恩能感同身受那个贫困的、境况不佳的男孩。他有能力将自己放到孩子这个破坏者的位置。莱恩按照情感来行动。和孩子打交道时，不要因为（头脑中）认为方法是对的而采取行动，而必须是（情感上）感觉到方法是对的才行。

我给你的实用建议是：给这个男孩一面鼓和一只哨子，以及尽可能多的金属玩具，让他可以弄得叮叮当当响翻天。这可以成为他的一个宣泄口。然后，你们可以开始担心要去如何安抚邻居。但最重要的是：给孩子尽可能多的爱。

很少有父母提出一些真正的问题：为什么我的孩子会打碎窗户？他为什么要偷东西？为什么我的孩子喜欢搞破坏？如果一个人接受威廉·戈尔丁《蝇王》中的心理学，答案就很简单：男孩就是年轻的恶魔，他必须通过成人的榜样、惩罚和品格塑造来变得更好。

我的回答是，一个年轻的魔鬼，当他不受外界强迫能自由地做自己时，便会成为一个社会中的文明人。当然，这需要一些时间。

如果一个男孩充满仇恨和破坏性，他一定是在抗议家里的一些事：缺乏父母的爱，或者家里有太多愚蠢和不必要的限制——例如,"别把手肘放在桌子上,小子"。

我强调一下:**没有一个快乐的孩子会去搞破坏**。只要孩子有破坏性,父母就应该问问自己:为什么我的孩子不快乐?

欺凌和打架

我是一个有工作的母亲。上班时,我五岁的孩子上幼儿园。他的老师说他对其他孩子很粗暴,他会打他们,抢他们的东西。我怎样才能让他停止这样做?

你不能。你所能做的就是坐下来问问自己,究竟发生了什么让他变得这么咄咄逼人。

你有没有打过他屁股,对他发过火?你的婚姻幸福吗?他的攻击性是因为模仿你还是你丈夫?他一定有一个模糊的概念,觉得你不够爱他,否则不会整天把他放幼儿园里。但这是一个我们无能为力的现实。

我不知道他家里有没有欺负他的兄弟姐妹,我该怎么回答这样一个问题呢?我不知道这个男孩在上什么样的幼儿园,最有可能是个由成年人制定所有规则的幼儿园。但是幼儿园从来没有像家那么重要,孩子的行为受家庭制约。

懂得自我调节的孩子似乎比其他孩子的攻击性要小。总的来说,我没有看到过他们欺凌弱小、搞破坏或打架。好斗意味着把自己放在第一位,不顾及他人,这就是一个年幼的孩子会做的事。**我也**

要！先给我！但是时间可以治愈这种攻击性——如果孩子感到自由的话。

霍默·莱恩曾经这样说：一个很小的孩子想吃整个苹果，如果让他和妹妹分享那个苹果，他自然会讨厌妹妹。在以后的生活中，对同一个男孩而言，与妹妹分享苹果也可能比他自己吃掉整个苹果更让他感到快乐。

在成群结伙的年纪——八到十四岁——男孩经常欺凌弱小和搞破坏。在夏山，一个九岁的男孩被问到为什么总是打另一个六岁女孩，他回答说："因为她长得像我该死的姐姐。"另一方面，在女孩身上，攻击性表现为"耍泼"。

老师咄咄逼人，学生们也会效仿；父母惩罚孩子，会让他们变得好斗。我见过的最有攻击性的学生是那些在家里和学校里最守纪律的学生。受到侮辱或诋毁时，一个聪明的小伙子可以用机智的话来反击，但一个迟钝的男孩只能用拳头反击。军士长般的横行霸道者通常是愚蠢的人养大的孩子。

在自由的情况下，孩子的攻击性会表现出来，并且过一段时间就会消耗掉。在受规训的情况下，攻击性又会何去何从呢？仇恨将被深埋在人格深处，准备在以后通过反生命的态度、对他人的性压抑和喜欢争吵表现出来。在这个世界上，减少攻击性的唯一方法是让孩子自由地按照自己的方式和节奏来发展。

如果你孩子的同伴与他年龄相仿，他们会慢慢但又肯定地合理对待他。让老师给点时间，请他耐心一点。

你，他的母亲，必须努力向这个小淘气鬼表明他是被爱而不是被恨的。和一个五岁的孩子讲道理不太有用，他不会理解道理，只会理解行为。但是，如果你的行为是愤怒、扇耳光或责骂，他会把你对他的恨发泄到他在学校里可以欺负的人身上，并以此来报复。

> 当其他孩子打他或拿走他的玩具时，我三岁的孩子非常被动。他不反抗，只是哭。我不喜欢插手，也不想教他反击。然而，看到他不断被欺负和伤害，我很伤心。我该如何帮助他？

只能让他远离那些欺负人的孩子。你不能教一个三岁的孩子反击，即使可以的话，对他也没有好处。

无论出于什么原因，的确有些孩子是粗糙且不敏感的，而另一些则完全没有攻击性。但是，这位母亲，做个年轻的甘地而不是年轻的希特勒，这对你儿子会更好。

我知道看到孩子受苦很难受、很痛苦。也完全由你自己安排如何尽可能多地保护他免受欺凌者的伤害。

如果他是十岁而不是三岁，我建议带他去上几节拳击课。

> 我所在街区的孩子们一起玩的时候经常互相打架。我最小的孩子经常被打得很惨。邻居中一些父母建议他们的孩子反击。我对这种方法不太满意，但我不知道该告诉我儿子什么。你有什么建议？

当孩子——或者在这件事上，成年人——把脸转过去让对方打，通常会被打得很惨。耶稣可以是一个真正的和平主义者，但大多数人不可能成为和平主义者——残暴的人会赢。600万个没有抵抗的犹太人死于毒气室；当有人从飞机上扔下凝固汽油弹时，婴儿会惨死。世界正处在暴力中，也将继续处在暴力中。

童年问题

我们必须面对悲痛的事实：受过恐惧训诫的男孩会通过殴打比自己小的男孩来发泄他们的仇恨。

事实上，老年人能够比年轻人受到更好的保护，几乎每个和平的住户面对携带武器的危险闯入者时都会使用铁棍，我们甚至可以报警。但是被一群年轻恶棍欺负的小儿子却没有受到保护。

是的，要教他拳击，或者柔道什么的，更要教他如何在满是侵略者的世界里保护自己。

说谎

我十岁的儿子满口谎言,我该如何纠正他?我试过打他屁股,赶他上床睡觉,不让他吃饭,但所有这些都是徒劳。

为什么要试图纠正他?你自己不说谎吗,"正派的"女士?关于婴儿是从哪里来的,你没有对孩子撒谎吗?他有没有看到你向窗外望去并惊呼道,"那个可怕的史密斯夫人来了",然后又看到你给史密斯夫人一个大大的微笑:"很高兴见到你,史密斯夫人。"我真正要问的是,他的谎言是不是在模仿他的母亲。

但假设你是一个非常好的母亲,我觉得你的儿子可能有天才般的想象力,这可能会让他有一天成为一名成功的小说家。我正在排除撒谎的常见原因,这是对(通过谎言试图掩盖的东西)被发现的恐惧。

男孩可能会觉得自卑——他是不是太矮了?他可能想通过让自己变得重要来弥补自己的不起眼。"我今天见到了十场葬礼",其实他只看到了一场。

不管他撒谎的原因是什么,你的惩罚都是一件非常危险的事。你会给他的情结增添恐惧,你正在扼杀他对母亲天生的爱,你在给他一种负罪感。

你会使他拒绝生活。据你所知，他可能在通过撒谎掩饰他对手淫的内疚感。你可能曾试图把他塑造成一个好小孩，而这就是他的抗议。

你不能纠正他。我经常通过要求对方必须用谎言来回答我问的每一个问题来"纠正"病理性的说谎者，但我现在认为我做错了，我可能把他的创造力扼杀在萌芽状态了。

说谎是小错误，活在谎言中才是大悲剧。

你会拿夸大事实的孩子怎么办？我儿子不是一个彻头彻尾的说谎者，但他肯定会夸大事实。比如，他会说他在一场篮球比赛中得了十八分，而他实际只得了八分；他会说他的生物学得了B+，而他实际上只拿到了B。

我什么也不会做。这个男孩显然感到非常自卑，以至于他必须通过成为"大人物"来增强他的自我。他只是在做我们每个人都以某种方式在做的事情。

这在辛克莱·刘易斯《认识柯立芝的人》一书中完全展现出来了，这是一个关于和柯立芝总统大学同班的推销员的可爱故事。他总是吹嘘自己的总统朋友，他透露道，有一次——仅有一次——柯立芝曾在校园里和他说过话，谈到了天气。这就是在我们每个人身上发生的事。

你的孩子一点都不异常，他的目标是让自己变得重要。你应该想想为什么这个男孩的生活如此单调，为什么他觉得自己如此发育不良，必须通过夸大事实来赋予自己重要性。

话又说回来，那个男孩未来可能是小说家或剧作家。永远不要抑制孩子的想象力——他的学校教育却可能最有效地抑制了这一点。

你就安静地坐下来,试着回忆一下自己曾经夸大事实的许多场合。据我所知,这个小伙子可能在模仿他的父母。

"弗雷德叔叔吗?"妈妈说,"哦,他在政府上班,有个好工作。"(事实上)弗雷德在纽约州辛辛监狱里坐牢。

父母们,省视一下你们自己,并且自嘲一下吧,别管那个吹牛的小子了。

我丈夫和我心烦意乱。我们不知道为什么十二岁的儿子如此喜欢自吹自擂、撒谎,而且——我很惭愧地说——他是个恶霸。我们的家庭氛围至少一般情况下是融洽的,不应该导致这个男孩有这些性格特征。你有什么建议吗?

亲爱的父母,何必这么担心呢?我们都说谎,尽管我们常常不知道自己在说谎。

我的一个朋友正在学习拉小提琴,他根本没有音乐天赋。最近,他问:"你觉得我正在进步吗?"

"挺好的。"我狡猾地撒谎道。

礼貌使我们大多数人撒谎。大多数孩子撒谎是因为他们害怕说真话所带来的后果。

谁不自吹自擂?主要是礼貌使我们抑制了炫耀的欲望。谁会不"自恋",以至于当他在电视屏幕上看到自己露脸时,也不会感到兴奋?但是,当然,过度吹嘘总会显出一种强烈的自卑感。如果你儿子出于某种原因感到自卑,羞辱是不会帮到他的。禁止他吹嘘并不能治愈他的自卑。

童年问题

我们学校曾经有一个十三岁的男孩整天吹嘘,他的听众们对他的夸夸其谈感到非常厌烦,以至于把他赶出了他们的群体。当他意识到结果是什么时,他就改变了吹嘘的态度。这才吻合"现实"这个最好的老师。如果那个小伙子受到父母和老师的指责,他就会暂时克制住吹嘘的欲望,直到找到一个合适的机会在自己的同龄人面前吹嘘。训斥从未纠正任何东西。

欺凌是一件更严肃的事情。曾几何时,孩子生活在暴力的气氛中。我们的漫画、广播节目和电影都散发着虐待狂的味道。迎合这些宣传仇恨的媒体的孩子自身也一定有仇恨的问题。

他的兄弟姐妹对他称王称霸吗?他是在宣扬恐惧的宗教氛围中长大的吗?他的父母彼此互相讨厌吗?他是否因手淫而受到过惩罚?他讨厌他的学校吗?如果父母负担得起,与一位优秀的心理咨询师进行几次晤谈可能会有很大帮助。

偷窃

> 我九岁的儿子在商店里偷东西,我能做些什么?

真的没有简单的答案,每种情况都不同。我深信,大多数孩子偷窃是因为家里缺乏爱。如果你九年以来都没有给你的儿子爱,很难说如何在一夜之间弥补。

每个孩子在某个时候都会偷东西。如果可以的话,大多数成年人都会走私——一位海关官员曾经告诉我,他一直盯着牧师们。当汤米从妈妈的钱包里偷走二十五美分时,一对明智的父母不会大惊小怪。

卫道士父母才是非常危险的。"你这个坏孩子。你不知道错了吗?"我想知道有多少犯罪的青少年有着卫道士般的母亲。让孩子感到内疚是非常危险的。更好的方式是说:"汤米,你从我这里拿走了一美元,请把它还给我,它是我的。"——这才是正当的。而采取一个道德评判的态度,认为他是一个有罪的坏男孩是完全不正当的。

没有人是完全诚实的。我们成年人也会在诚信上弄虚作假。我们中有多少人是因为害怕警察而选择诚实的?如果我们从电话亭打长途电话，接线员说："先生，你的三分钟时间到了。等你打完电话，我会告诉你额外费用是多少。"我们中有多少人不会直接挂断电话，然后悄悄走出电话亭呢？哦，这只是针对通信公司，当然可以欺骗这种庞大企业。诚实，先挂一边！

许多欺骗税务局的父亲会因为儿子偷东西而揍他。

在最近的一次火车旅行中，普通座位都被占了，于是我进了头等车厢，准备补差价。在几个小时的旅程中，没人过来查我的票。我是不是应该去售票处说："我坐了头等座，我想补差价。"但这其实很容易合理化，我也很容易争辩说："如果铁路公司没有员工验票，想赔钱，我为什么不帮帮他们呢？"是的，只有面对危急关头，我们才会非常诚实。

自由会培育出非常大的宽容度。至少有三位家长向我抱怨，觉得夏山让他们的孩子变得过于宽容。四十五年来，我从未见过夏山的儿童陪审团因偷窃而惩罚一个年轻的"小偷"，他们所要求的只是让这个"小偷"偿还他偷走的东西。成人陪审团请照这个来办。

阿尔弗雷德刚满十二岁。上周，我收到他学校校长的一张纸条，说他在杂货店偷水果时被抓。他被贴上了"小偷"的标签，惩罚是每天放学后多留校一小时，为期三十天。我知道他会熬过这个极其严厉的惩罚，但我不希望这个男孩余生为此感到内疚，并因作为小偷的耻辱而备受煎熬。对此我能帮上些什么忙呢？

我会因为他做的这件事而给他一美元的奖励——这时，我关心的是这个男孩，而不是那些被偷的水果。

校长的工作应该是找出你儿子偷窃的原因。这个"杰出人士"显然不知道这一事实,即仇恨永远无法纠正什么。他的惩罚充满仇恨。

很多孩子都可能会在某个阶段偷东西,其中大多数只是很幸运没被抓到。严厉的惩罚会使孩子成为社会的敌人——"他们严厉地惩罚了我,咱们一起下地狱吧,我将永远与他们斗,永远反社会。"幸运的是,大多数孩子的心理都很健康,不会发展出这种极端反应。

教师通常(对孩子而言)是很重要的,但他们对心理学知之甚少。他们只会采取简单的方法。对他们来说,惩罚至少可以搁置调查原因这一责任。惩罚让老师过上了安宁的生活。可恶的是,这种做法在所有国家的学校中都存在。

但是,我亲爱的女士,一定要问问自己是否给了这个男孩足够的爱。我确信大多数年轻的小偷是在象征性地窃取爱。

当然,夏山偶尔也会有偷窃事件,但我们会在不引入惩罚的情况下处理它。校委会所要求的全部只是偿还被偷的那笔钱。而且我总是告诫每一个年轻的"小偷",如果他在校外偷东西,可能会被叫警察,然后我就无法保护他了。因为法律,就像那个校长一样,是寻求惩罚的。

大胆的父母会问那个校长,他自己是否在十二岁时偷过东西。而一个坏老师总是忘记自己的童年,并因而与年轻人完全脱节。

你问你能帮上什么忙?爱他,拥抱他,认可他!坦率地告诉他,他的老师错了。

生闷气

我的孩子约翰，总是生闷气。他今年十一岁了。每当我丈夫或我要求他做任何不合他意的事情时，他都会抱怨、生闷气。事实上，无论这些指令来自我们还是来自其他任何人，他都会生闷气。他的一些朋友称他为"哭鼻子宝宝"，因为当游戏没有按照他的方式进行时，他就会走开，一个人生闷气。你有什么建议吗？

不，我没有建议。

但何必担心呢？大多数人在恼怒或不开心时都会生闷气。一个闷闷不乐的男孩可能是觉得自己没有得到很好的对待。他无法反击冒犯他的成年人，生闷气代表着他被压抑的对权威的攻击性。如果他在家里生闷气，他的不满自然会延续到与同伴的游戏中。

生闷气是一个有趣的现象。一位妻子批评自己的丈夫，后者不反击，而是生闷气："我会找回来的，你这个该死的泼妇，我不想和你说话。"——生闷气代替了反击。

如果我是你，我会问问自己，我究竟对他做了什么，激起了他徒劳无益的攻击性。这个男孩有些委屈，他一定觉得自己是怪人。

电视

> 吉米是个好孩子，可爱又善良，但他整天盯着电视机，一点也不阅读。我能做些什么？

啧啧啧，我们不能让时光倒流，电视已经留下来了。

电视扼杀了很多阅读时光。当我还是个孩子的时候，我读了司各特的《艾凡赫》——跳过了其中对风景的描述。现在，一个男孩可以用七十五分钟在电视上看完这个故事。

如果一个男孩整天坐在长凳上学习自己不感兴趣的东西，他会倾向于在家里继续这个过程，并被动地待在许多电视节目提供的幻想世界中。这个小伙子正在逃避，看屏幕比读书更容易逃避。但是我们对此无能为力，因为我们不能强迫一个男孩读书或用他的双手做些什么。

不必惊慌，亲爱的父母们，这个状态不会永远持续下去。如果这个男孩有胆量、精力和雄心壮志，当他准备好时，他就会离开电视，做些什么。

我想做个实验：在一所学校里整天播放电视节目，然后看看学生们是否会用木头、金属、黏土或针头来做些什么，从而从被动中逃离出来。

你说他不读书,我想知道这究竟有多重要。我认识一些什么都读的人,他们是活着的百科全书,当被问及任何东西时,他们总是有答案。但他们其实知道的东西多,理解的东西少。啊!但我是有偏见的,因为我更喜欢实干家而不是读书的人,我自己宁愿买一辆车或一张床,也不愿买《不列颠百科全书》。

不要唠叨吉米:"你为什么不离开电视去读本书呢?"因为这可能会使吉米从"可爱又善良"变成一个叛逆的男孩。

食物和饮食

> 我儿子今年十一岁,超重五十多磅(二十多公斤)。我应该强迫他节食吗?

牵马到河易,强马饮水难。我很怀疑你在家能为这个男孩做点什么,当看到家里其他人都在狼吞虎咽培根和鸡蛋时,没有一个男孩会因为吃减肥沙拉而感到高兴。

如果一个孩子没有看到某件事的必要性,就很难让他改变自己的行为。如果你的儿子正处于青春期,女孩嘲笑他肥胖,他就会有变瘦的动机,但一个十一岁的男孩没有这样的动机。为什么这么担心呢?我见过一些孩子十岁时很胖,二十岁时就很苗条。

虽然腺体功能障碍极为罕见,但他的肥胖也可能与他的饮食关系不大。只有医生才能判断他的腺体是否正常运作。如果医生告诉你,你的儿子的身体功能正常,那就别管他了。

> 我六岁的儿子对食物非常挑剔。似乎他只喜欢吃汉堡、牛排和冰激凌。我们负担不起经常吃牛排,丈夫和我也厌倦吃汉堡了。解决方案是什么?

如果你的孩子很挑食，试着给他他喜欢吃的东西，但不要为了迎合他而强迫每个家庭成员做出牺牲来适应他的口味。你的孩子想靠汉堡过活吗？好极了！但这不应该意味着家庭中的其他人都必须以此为食。强迫孩子吃他不想吃的东西是错误的，强迫全家只吃家中一个成员喜欢的东西同样是错误的。

在夏山，有一个男孩拒绝吃羊肉、烤牛肉、香肠或蔬菜，他想要的只是一盘土豆和黄油。我们每天都给他土豆，因为这很容易准备。但如果他想要炒面或香橙鸭，我们做梦也不会答应。从过去的经验来看，那个男孩去吃其他孩子正在吃的东西的日子很快就会到来。无论如何，如果我们说："吉米只喜欢土豆和黄油，所以你们所有其他孩子现在也要这么吃。"那就太可笑了。对我而言，如果你说，"我儿子只喜欢汉堡，所以从现在开始，我和我丈夫将每天以汉堡为食"，这听起来同样可笑。

我的实际建议是在合理的范围内让男孩按照他自己的方式来，这当然意味着他的饮食必须在你们的经济能力可承受的范围内。而且，除非你们的儿子被宠坏了，并且在家称王称霸，否则应该让他适应家里其他人的需要。这件事应该在妥协的基础上处理：星期一，汉堡；星期二，鱼；星期三，通心粉和奶酪——诸如此类。如果小家伙不吃非汉堡餐，那么他只能什么也不吃。放心，他不会饿死的，他会以面包和水为食，他会翻冰箱或储藏室，会找到一些东西来缓和自己的饥饿感的，但他不会饿死。

我有一种感觉，一个孩子的食物情结有一些抗议的元素在其中。他可能是在用他特殊的好恶来宣告：我是这里的大人物，我说什么就是什么，把冰激凌递过来。这个孩子在食物上的癖好应该能让你们试着去找找这个男孩隐藏的动机是什么，他特别讨厌的东西象征着什么？

吮吸拇指

我的牙医告诉我，我儿子吸吮拇指，我必须做点什么。他十二岁了。我怎样才能让他停下来呢？

数以千计的儿童吸吮他们的拇指，并过着正常的生活。我不知道如何让他们戒掉这个习惯。在我看来，所有禁止的方法都是错误的：绑手、把难吃的东西涂到拇指上、打屁股、训斥。这些办法都不会有什么结果，或者更确切地说，可能会导致一些不好的结果。

拇指吸吮一定与婴儿吃奶有某种联系，就像咬指甲一样，是"某个从未过去的早期阶段中的无害症状"。压制它可能会让男孩回到更坏的习惯，比如尿湿自己的裤子。

我不认为吮吸拇指重要到值得大惊小怪，每个孩子迟早都会改掉这个习惯。

睡觉

山姆是个难以入睡的孩子,他就是不会按时睡觉。大多数十岁的孩子在十点之前就睡着了,但山姆不会,他每晚在床边转来转去一两个小时。他向我们抱怨道:"我睡不着的时候,你们为什么要让我去睡觉?"我们应该允许他在房子里闲逛到十一点左右,还是直到他真的觉得困了?

我会倾向于让他在想睡觉时才上床睡觉。大自然本身迟早会调节他的作息,而且可能在很短的时间内。

我的孩子拒绝去睡觉。如果我让他想熬夜多久就多久,第二天他在学校就会无精打采,很疲倦。如果我坚持让他在该睡觉的时候进自己房间,他会照做但不睡觉,并且还会在上学时感到很疲倦。我怎样才能训练他在一个合适的时间入睡呢?

没有孩子愿意自己上床睡觉,留下大人们继续看电视。这个男孩可能有点害怕独处,或者仅仅是想惹恼父母,如果父母对他很严格的话;又或者睡觉对他来说可能意味着手淫和内疚,是某件需要推迟去做的事。

这个小伙子可能是内向的类型,从不玩游戏或到处乱跑。在学校感到疲倦可能还有其他原因——也许是讨厌上课。他不想上床睡觉可能有上千个理由。将他送进他自己的房间似乎没有任何效果,应该放弃。

在夏山,我们有时也会遇到这样的孩子。校委会会时不时投票让他不受就寝时间约束,并且让他可以整夜坐着。这只年轻的"夜猫子"最多会这样做两个晚上,然后就会接受一般的就寝时间规定。我从来没有听说过这种方法在家中使用,但这可能值得一试,因为强迫是没有希望的。你可以在周末通过仔细观察来检验这个理论,看看小伙子在不上学时是否会感到疲倦,也可以去咨询一位优秀的心理咨询师。

玩具

我的小儿子从朋友那里收到了太多礼物。他在圣诞节收到了多达二十个礼物,但只玩了一小段时间,现在这些礼物在房间里堆得乱七八糟。我应该让别人不要给他玩具吗?

百分之九十的玩具是浪费金钱和材料,尤其是机械类的玩具。根据批评家万斯·帕卡德的说法,美国是一个不断吐出一个个废品小玩意儿的巨大的机器,这就是其商业法则。

我看到孩子们甚至不用动根小指就能得到很多东西,其结果是这些小玩意儿对他们来说通常没有价值。这么多昂贵的礼物很少能长期受到欣赏。披头士歌迷所渴求的吉他有多少把在家里闲置着?

我担心当社会的休闲时间得到大大扩展时,只有非常非常少的人能够利用这些时间。如今,对于大众来说,休闲意味着遛狗、狂欢、看足球赛、看电视,而这些追求都没有一点创意。

但至于你的小儿子,我不知道你如何才能不让他得到礼物。如果禁止礼物,他会向你抱怨。此外,他还会觉得自己不如那些收到礼物的朋友。这些玩具毕竟不会伤害他,那些好心的朋友也会因为送圣诞礼物而感到心满意足。

不，不要禁止礼物。把这些"破烂"收在一起，以后全部送到孤儿院好了。

一年前，史蒂夫缠着我给他买拳击袋，我买了。三周后，他似乎厌倦了，然后吵着要一套小保龄球，我也给他买了，但他对此的兴趣也是短暂的。现在他要我给他买辆自行车，说自己是认真的。由于他有些羸弱，需要建立对自己身体的自信，我希望他能沉迷于体育运动，但我看到他并没有使用这些他曾经想要的东西。他对我拒绝给他买自行车大吵大闹了一场。在买东西之前我应该加上什么条件，或者让他做出什么承诺，还是怎样？

不要加上条件，不需要承诺！你以前的礼物对他来说根本不够重要，因为这些礼物会让他在房里待着不动，而一辆自行车可以让他探索周围的世界。这意味着历险，其他小玩意儿则不。

但要做好准备：他可能会连续骑上一周自行车，然后可能会忘记将其放进室内，让它在外边淋雨。孩子们都这样干，上苍保佑。

不过，别担心，车锈了是要花点钱，钱是可以赚的。

父母永远不应该讲条件，比如"如果你这次考试考得好，我就送你一辆自行车"——糟糕，非常糟糕，而且很愚蠢。如果有人愿意给我的好朋友亨利·米勒一辆劳斯莱斯，让他坐下来写本书，我可以看到他眼中闪烁的光芒，然后他会笑着扔下他的笔。

确保男孩得到有关道路安全的良好指导。愉快地处理这件事吧，如果这一切都没有按照你的蓝图来，也不要反唇相讥——孩子远比自行车重要。

幻想

我应该给孩子讲圣诞老人吗？

亲爱的圣诞老人！我以为那个年迈体衰的老人已经死了，圣诞贺卡只是对他过往的纪念。这些天来，我从来没有遇到过一个相信他的孩子，而我也很少遇到缺乏想象力的父母。在用暖气和天然气取暖的这些日子里，一定很难解释圣诞老人为什么从烟囱上下来。在一个充满喷气式飞机的世界里，一个有想象力的孩子会想知道红鼻子驯鹿是如何毫发无损地飞行并避免碰撞的。

当然可以给孩子讲这些故事，但要把它们当作故事讲——而不是事实。我的印象是，任何用圣诞老人"欺骗"孩子的父母都会在关于出生的事上对孩子说谎，比如告诉他们婴儿是鹳带来的。这样的父母也很可能会告诉他的孩子，手淫会下地狱，或者说谎舌头就会掉。

最好"埋葬"年迈的圣诞老人，让他安息。世上到处流传着一些杜撰之事。如果你觉得自己不得不打扮成圣诞老人，你的孩子应该知道是谁藏在白胡子和红斗篷背后。你的孩子还应该看到他的妈妈在向长筒袜里塞礼物——关于奇迹不要撒谎。

我的女儿卡罗尔，今年九岁，似乎整天做白日梦。幻想对孩子来说有害吗？

究竟什么是幻想呢？就是我们的一些带着愿望的想法。我们每个人都会幻想，不管年龄多大。最近，我不再幻想某个有着像洛克菲勒[1]这样名字的人会读我的书，并资助夏山学校100万美元，但这种幻想之前也并没有让我忽视自己现实的工作。建造帝国大厦的人在开始建造之前一定也是在白日梦中勾勒了关于这个大厦的图景。我也曾做过关于写这本书的白日梦。

天堂就是一个可以安慰许多人的幻想，尤其是那些失去亲人的人；人文主义者则幻想着一个在我们这个时代不太可能存在的人间天堂。总之，如果我们每个成年人都有幻想，为什么孩子不应该有呢？幻想是自然而正常的，如果废除幻想，所有的故事都会变得太乏味、没法读。话说回来，即使你认为幻想对孩子有害，你也无能为力。

---

[1] 此即约翰·戴维森·洛克菲勒，美国实业家，埃克森美孚公司创始人，是十九世纪第一个亿万富翁，被人称为"石油大王"。——译者注

青春期问题

晚归

我感到害怕。我的女儿今年十七岁,她已经加入那些开快车、喝酒、摸来摸去,甚至不只是摸来摸去的年轻人的行列了。她很晚回家,有时第二天大清早才回来。她根本不理会丈夫和我说什么。我们能做些什么呢?

我想成千上万的父母可能都会问这个问题。父母必须面对一个残酷的事实,即他们对青春期的孩子无能为力。禁止和教训会让情况变得更糟,会激起许多青少年对父母的所有潜藏着的怨恨。

残酷的事实是,对于年轻人来说,家太沉闷了。曾经有一个小型台球桌的插图广告。"这能让你的儿子们晚上待在家里。"我对那个桌子能让一个男孩待在家里持怀疑态度。父母的家是一个安静的地方,有舒适的椅子、电视、书房,是一个能免于家务杂役、能够放松的地方,是一个逃离办公室的避难所。年轻人要的不是放松,而是想要动起来。因此流行音乐就很风行。年轻人想要年轻人做伴,一起舞蹈,听音乐,喝几杯;年轻人首先寻求同龄人的陪伴。聪明的父母会接受这一切——不仅容忍,而且试着去认可它。

我想你的问题的真正意思是:我害怕女儿会怀孕。导致怀孕的最好方式是让性成为禁果。带着自由感养育长大的女孩很少意外怀孕。

我曾经认为，父母对他们孩子的严厉主要是出于对生命以及青春的激情和美丽的嫉妒。我现在不这么确信了。父母真的很担心。当今世界充满了警戒和逃离。我们的文明病得非常非常重，除了可能引发第三次也是最后一次战争的那些势力（种族仇恨等）之外，我们的社会中也有一些相应的问题：犯罪率惊人地增加，吸毒人数增加，对于金钱和地位的激烈争夺。我们生活在一个失衡的世界，当然也是一个非常危险的世界中。老一代已经被抛在了后面。大多数父母无法理解为什么成千上万歇斯底里的女孩对着披头士乐队尖叫，或者为什么年轻人不接受过去的文化和宗教。赫胥黎的《美丽新世界》是一个我们正在经历着的可怕世界。我问一个十五岁的小伙子："你长大后会做什么？"他咧嘴一笑。"你的意思是，如果我还能长大的话。"

父母的惊恐是合理的，但有必要吗？如果他们的女儿回家晚了，已经形成相互信任的家庭氛围中的父母不必担心。如果我们自己十六岁的女儿凌晨两点回家，我和妻子不会想着问她去哪儿了。首先，不用我们问，她就会告诉我们。

这个问题真的可以归结为：你是否因为自己心神不宁、缺乏信任而非常担心你的女儿？你把自己对于生活的恐惧投射给女儿了吗？

我承认其中有些客观因素，比如她和喝醉了的年轻人开车兜风的危险，她和一群吸毒的人混在一起的危险，在酒精的影响下被诱惑的危险。但我认为，一个在自由和充满爱的环境中长大的女孩，不会仅仅因为恰好不在家就失去理智。

让她走入歧途的最好办法就是教训她，唠叨她，打她。让她知道性是一个被禁止的话题，并且如果你有宗教信仰，一定要让她知道性是反上帝的一种罪，然后你几乎就可以等着瞧她的反叛了。在这样的刺激下，思想可能会让位于行动。

我们的女儿苏珊十七岁。有一天她凌晨五点才回家，然后发现我和丈夫坐在那儿咬指甲，我们冒着冷汗，担心她是不是出什么事了，要不要报警。嗯，就在这种忐忑不安中，她走了进来。在被责备说夜不归宿也不打电话后，她无视我们的焦虑，愤怒地喊道："好吧，怎么了，你们不相信我吗？"坦率地说，我们不知道如何应对她的这种暴跳如雷。有什么可以说的吗？也许在这一切的背后，我们担心这个女孩会以某种方式误入歧途，同时其中一定也有一种真实的焦虑，是担心她在外面待到凌晨五点的人身安全。

哦，天啊！来自美国的许多问题似乎都在问同样的事情——"我已经失去自己的孩子了，我能做些什么呢？"

如果我女儿整晚都待在外面，我和妻子都不会问她去哪儿了。她信任我们，我们也信任她。就这么简单！我们一点也不担心她会喝醉或怀孕。

请注意，我不知道这个女孩身处的环境；我可以想象一个任何父母都会感到担心的环境。和喝了许多酒的、开着家里老头的车的幼稚小伙子出去，和一大群吸毒者或酗酒者出去——是的，这可能非常可怕。我对性方面的担忧会打些折扣，因为诱惑总是需要双方同意。如果一个女孩在性方面有良好的基础，那么除非她受到酒精影响，否则被诱惑的机会很小。但是太多家庭是如此糟糕，以至于年轻人只能在家庭之外寻求他们一切的快乐。凌晨五点回家可能是一种抗议，抗议自己一直被视为不负责任的婴儿。如果父母不了解孩子的兴趣，他们就是在自找麻烦。

强制性的家庭对年轻人而言最危险。父母为将孩子束缚在自己陈旧的生活观念中而锻造的镣铐，是他们自己最终也将落入的陷阱。这样的父母扼杀了孩子从摇篮时代开始的爱和快乐。这样的父母抑制了自然的表达和自然的欲望。

但是，我们怎么能责怪这样的父母呢，他们受到的整个教育从未涉及这个世界上最重要的工作——抚养孩子。有一天，我听到一个二十六岁的女孩哭泣："我以优异的成绩获得过数学学士学位——但天啊，我真希望有人教我如何照顾我的这个小宝宝。"

父母是从未接受过任何专业培训的专业人士。他们把自己的宗教、政治和道德观念全部塞给了自己的后代，当他们惊奇而痛苦地发现自己的孩子讨厌这种负担时，他们已经失去了孩子们的所有情感联系了。

违法行为从幼儿园阶段就开始孕育了。以反生命的方式抚养孩子，因为孩子尿裤子就责骂他、打他——你就在制造神经症患者的路上。教你的孩子做个"好孩子"，教你的孩子怕你、怕上帝，扭曲孩子所有的本能，如果最终你得到了一个问题孩子，你应该知道是为什么。

我通常得到的回答是："每个孩子不都是被塑造过、被说教过吗，为什么只有少数人会成为不法分子呢？"这是一个合情合理的问题。我无法回答。谁能回答呢？当然，其中总是有经济因素。也许恶劣的环境会对某个脆弱的孩子产生影响，导致悲惨的后果。一个男孩出生在一条脏乱的街上。他家没文化，没书籍，家里的交谈完全不会涉及任何严肃的主题。他的父母无知，他们经常打他，冲他吼叫。他所在学校的严格纪律和枯燥科目让他心不在焉。他的游乐场是街角。同伴都是男孩，他们由于相同或相似的原因，也不开心。他关于性的想法是色情的。

他看到其他人拥有金钱、汽车和各种奢侈品，觉得自己很穷，社会地位低下。到了青春期，他就加入了一个不惜一切代价旨在快速致富的帮派。

我们怎样才能治愈有这种背景的男孩？我们目前的新式学校只会给予更多这个孩子已经在反抗的规训。监狱环境只会增加他对生命和人类的仇恨。

霍默·莱恩证明了自由可以矫正不法分子，但现实中的霍默·莱恩很少，青少年犯罪案件逐年增加。

如果每个孩子都以夏山的方式在自由中得以养育，那么青少年犯罪案件将大大减少。自由必须始于家庭——事实上，必须始于婴儿期。但绝大多数父母缺乏知识、耐心或对人性善良的信念，无法让他们的家成为对于他们带到这个严酷世界的孩子而言自由的家。

像往常一样，我已经跑题了。别人告诉我，这是我的主要魅力之一。沉闷的作家总是揪着一点不放，而且常常是过于直白的那一点。

回到你的女儿苏珊这个问题上。父母们，请相信这个十七岁的女孩吧。让她按照自己的节奏和时间成长。每次你们不信任她，你们就失去一部分她天生的对你们的爱。

顺便问一句，女士，你十七岁时有没有晚归过？

说脏话

我的小孩在街上听到了一些脏话,他从来没有在家里听到过这样的话。即使我们知道这些话本身并无恶意,但当他说出一个让所有人都侧目的字眼时,我们肯定也会感到尴尬。在我们的社会中,这种语言从来不会在公共场合使用。我们已经告诉他,我们个人并不在意他的用语,但是如此肆无忌惮地说脏话让我们在邻居面前感到难堪。不知怎的,他只是没太把我们当回事。虽然他试图控制自己的用语,但有时还是有些相当糟糕的话会脱口而出。我们应该怎么办?

不幸的是,你们不能通过下面这种方式来打破传统社会的规则,即告诉你的邻居,他们是一群私下里可能会偷偷看色情图片、听到黄色笑话——这些笑话并不好笑,只是"黄"——时会窃笑并兴高采烈地搓手,还会在酒吧和俱乐部中讲脏话的那种表面上正经、实际上非常虚伪的家伙。

我注意到,当一部电影中出现夜壶时,整个电影院的观众几乎都会大笑起来,而夏山的孩子们永远不会笑。性爱故事很少有趣,大多数只是下流。我一生中听过数百个,也讲过数百个下流的段子，但我如今能想到的只有一个是有趣的。我不能在此把它写出来，太遗憾了，因为它真的不色情，它很搞笑！读者们，请不要写信问我这个故事是怎样的。

我建议让你的孩子学会如何区分那些崇尚生命和反对生命的人。这个男孩应该意识到一件事：有些人是思想狭隘的。明智的父母可以继续解释道，人们只有在对性有一种淫秽、变态的兴趣时才会对此反应过激。

我的学生会用些相当耸人听闻的字眼。但是，如果任何一个男孩或女孩在有访客出席的夏山大会上说脏话，他就会受到其他人的责备。

我曾经有一个五岁的新生。在她收拾行李回家过暑假时，我碰巧挡了她的道。"让开，你这个浑蛋！"她说。

"苏珊，"我说，"你妈妈喜欢夏山，但你爸爸不喜欢。如果你回家叫他'浑蛋'的话，他可能会把你从这里带走，送你去另一所学校。"

假期结束时，她姐姐说："家里有件好玩的事，苏珊一次都没说过脏话。"

然而，伪君子们正在慢慢让路。二十年前，人们在写作时不能使用"fuck"这个词。即使在帕特里奇的俚语词典中，这个词也只是写作"f-k"。当我还是孩子时，"damn"写作"d-n"；当萧伯纳让伊莉莎·杜利特尔说出"bloody"这个词时，英国媒体把它印作"b-y"。《查泰莱夫人的情人》和《北回归线》的出版是通往诚实之路的里程碑。

青少年说脏话的问题在于它常常是对成人说脏话的模仿。孩子们在街上听到有人无缘无故随意使用四字母词。如果失去了对性的道德谴责和压抑，那么四字母词就没有什么意义。脏话是粗俗用语，因为它们是属于老百姓的语言。一位教授会用"肛门"这个词，但一个海军士兵则说"屁股"。也许我们应该教我们的孩子有礼貌地说脏话，大声喊出——"私通！""排泄物！""小便！"

> 由于我丈夫的工作性质，我们必须住在一个难以称得上是上流社会的地方。我的小儿子不得不在——不势利地讲——工人群体中寻找他的玩伴。他将一些粗鲁的语言带回家。我能做些什么保护他呢？

我喜欢"粗鲁"这个词，它有着如此可爱的维多利亚时代的声音。小时候在学校里，我们读到格雷的《墓畔挽歌》，里面说这是"小村庄的粗鲁祖先沉睡的地方"。我以为他们被埋在那些专门留给使用不良语言的人的坟地中呢。

有人可能会在读了你的问题后问："这位女士是个势利眼吗？"不过，我认为你说得有道理，因为一份好工作往往取决于一个好口音，你希望你的儿子学会好好说话，而不是说话鲁莽。在英国，伦敦东区口音或兰开夏郡口音可能会对面试某些工作不利。然而，我猜你更关心你儿子的道德，尤其是他的性道德，而不是口音，因为我敢肯定你对那个四字母词感到发怵。

我真的不认为情况很严重。作为乡村老师的孩子，我和农夫的儿女在一起时讲村里的方言。但是一离开家，我就自动说起标准英语。奇怪的是，我们这些孩子从来没有把两种语言混在一起。

所以请抱有希望吧。我在外面学到的英语脏话并没有让我道德败坏。它们也不会让你的儿子道德败坏。字眼本身并不意味着太多东西，重要的是行为。亲爱的母亲，你对孩子的态度对他未来的影响远胜于世间所有的言语。

我的孩子说脏话、骂人，这正常吗？

说脏话与贫乏的英语词汇量没什么关系。我说"血淋淋"（bloody）而不说"血腥"，我说"地狱"（hell）而不说"冥府"，我的学生说"屎"（shit）而不说"排泄物"。我不知道为什么这些英语词是不雅的，但我怀疑对其的禁止是一种自视甚高的傲慢。一位大学教授说"性交"，而一个水手把同一个东西叫作"操"。但如今，许多知识分子也开始改变，倾向于更简单的表达方式。

有时，说脏话只是表达情绪，没有什么含义。苏格兰农夫会把一个喋喋不休的人称为"饶舌鬼"，但受过教育的苏格兰人会称这个人为"唠叨的家伙"。

说脏话完全是出于压抑。这些和性有关的四字母词是对我们对所有关于性的东西的淫秽态度的健康抗议，就像我们说的那些亵渎神明的词是对基督教的扭曲的抗议一样。

说脏话正常吗？不管正不正常，模仿都是正常的。你的孩子只是在津津有味地重复那些他听别人津津有味地说出的话。

开车

约翰尼十七岁。在我们州,他可以持初学者驾照开车。立法者认为,只要加上某些限制条件,以他的年龄来看,他完全可以在白天开车。

我丈夫和我都不相信我们的儿子在这个年纪稳重到能够开车。约翰尼认为我们是一帮老顽固,他有一种强烈的受迫害的感觉。他对我们不让他做其他男孩做的事的怨恨似乎一直存在,而且这种怨恨似乎每周都在增长。其实我们恐惧得要死,生怕他上车并在一场道路事故中丧命。我们能做些什么呢?

你的问题没有透露出约翰尼的技术如何,也没有说他是否知道交通规则。

大多数事故是由年轻人造成的。统计数据显示,六十岁以上的男性造成的事故最少。

这是一个困难的情况:如果受到阻挠,约翰尼很可能会在你们不知情的情况下去开另一个男孩的车。我不知道这孩子的心理。很多事故一定是无意中有意为之的。那些不管不顾的人就好像整条路只属于他,其他人都不重要一样——"我要超很多车;我要做自己想做的事,让其他司机见鬼去吧!"还有炫耀,尤其是当车里有女孩时——"看我是怎么和那辆凯迪拉克擦肩而过的。"

如果他是我的儿子,我会带他出去几次,在他开车的时候坐在他旁边。如果他危险地超车、超速,我会坦率地告诉他,他不是一个足够好的司机,不能开我的车。

但仅仅禁止是无济于事的,相反,这可能会造成伤害。"我会向他们展示我车开得有多好,我要超过路上的每辆车。"别让复仇的动机进入其中。"如果我把那该死的车弄坏了,那也是他们愚蠢禁令的报应。"尽管如此,我也一定会告诉他,无论多么微不足道,出现任何事故都将意味着他不能再开家里的车。

抽烟

我们的女儿珍妮特前几天抽着烟回家。她十七岁。从她的表情来看,我知道她觉得自己很时髦。此外,她知道她的公开反抗行为会激怒我。现在从道德的角度看,我真的不在乎她是否吸烟,但从健康的角度看,我很担心。

我这封信的重点是,我不知道如何应对她青春期的叛逆,她需要证明自己说了算,可以做自己喜欢做的该死的事。

珍妮特是个通情达理的女孩,我觉得只要能敞开心扉,她就会听从理智。但在她生命的这个时刻,把我当作一个权威形象排斥掉的需要似乎完全占了上风;我对和她一起坦率和理性地讨论这件事的前景感到手足无措。我们这些妈妈被打垮了吗?有没有什么芝麻开门般的咒语,可以让我的女儿和我说话时,把我只是当作一个人,而不是一个令人生畏的母亲?

亲爱的女士,我不知道该对你说什么。珍妮特正在做大多数年轻人都会做的事情——她试图剪断脐带,摆脱父母的影响。但是,为什么在珍妮特十七岁之前的很多年里,你从来没有亲自剪断过这根脐带呢?

年轻人针对成年人的所有这些对抗都是不必要的。我敢肯定,如果父母以人性化的方式对待孩子,所有这些所谓的俄狄浦斯期反应都会消失。父母把自己变成让人敬畏、尊敬和服从的假冒的神,难怪年轻人会变得愤懑、反叛。

显然,女士,你已经和珍妮特脱节了,从她摇篮时期开始就一直如此。如果没有什么值得反抗的地方,就很少会有反抗。在太多家庭中,父母与孩子对抗,而不是站在孩子那边。看在老天的份上,别再向她说教了。香烟对她的伤害要远小于她相信母亲是一个总是对自己说教,并且禁止自己做很多事的人。不要管她——即使在这种情况下你碰巧是对的。

抽烟?恐怕你对此什么也做不了。你无法对抗烟草公司数百万美元广告费背后的经济利益。不幸的是,对氢弹的无意识恐惧不仅会导致吸烟和其他寻求缓解紧张的方式,而且会导致许多青少年违法犯罪,意识到这一点并不会让你感到更加宽慰吧。你女儿的潜意识可能在说:"反正我们都活不长,让我们尽可能享受美好时光吧。"

不,在不安全并且可怕的世界中,向年轻人宣扬如危害健康之类的无关紧要的事情是没有用的。在一个病态的世界里,很多人一定是病态的。

> 我儿子是个高中生。他十六岁。他同伴中的许多男孩都偷偷抽烟。我和我丈夫不觉得吸烟在道德上有什么不妥,事实是我们俩都吸烟。因为多年的习惯,我们烟瘾很大。
>
> 然而,我们现在都确信吸烟是一种有害的习惯,可能对健康有害。联邦政府强制要求烟草商在每包烟上都标明持续吸烟可能引起健康问题。今天,几乎每个人都意识到,喉癌在吸烟

者中比在非吸烟者中更为普遍。换句话说，我们希望保护我们的儿子免受吸烟导致的健康危害。

当然，他完全有权说："你们抽烟，为什么我不能抽烟呢？"我们可以通过什么方式靠近这个男孩，让他明白我们对他吸烟的担忧是真诚的，我们一点也不为与吸烟有关的保守道德观所困扰。他是不是十六岁这一点并不重要。即使他三十六岁，我们也不希望他吸烟。

我明白你们的困难所在。我自己也抽了很多烟，一般是烟斗，当我警告年轻人小心肺癌时，总觉得自己有点虚伪。

在我们位于夏山的学校议会中，曾有一个孩子提议允许任何年龄的人吸烟。我提出了一项修正案——只许抽烟斗和雪茄。结果这个提议以微弱的多数票优势获得通过。抽了三天，当然抽的是雪茄，但随后零用钱花光了，雪茄就没了。

如果我和所有的学校员工都是不吸烟者，结果也不会有太大的不同。我知道有一所学校，在那里，吸烟是一种会受惩罚的违规行为，但还是会有一些男孩溜到树林里偷偷抽一两口。是法律造成了犯罪。

坦率地说，关于吸烟，我不知道该说些什么或做些什么。禁止吸烟，就会带着禁果的巨大吸引力，让这成为一种地下行为。警告吸烟的危害，年轻人却置若罔闻。商业的大阵营站在烟草那边。你们这些忧心忡忡的父母，赢得这场战争的希望渺茫。

顺便说一句，我有一个关于肺癌的理论。当我还是个孩子时，很多人都吸烟，但我们从来没有听说过肺癌。今天，烟草作物被喷洒了杀虫剂。在大多数情况下，雪茄和烟斗吸烟者不会把烟吸进去，因此不会吸入杀虫剂中的有毒物质。但抽香烟的人吸入了有毒农药。我的理论是由那本令人不安甚至感到警醒的书《寂静的春天》引发的。但这位母亲，我的理论无法帮助你去说服你的儿子。所以你不妨收起你的反吸烟运动，随他去。

喝酒

我十八岁的儿子已经开始喝酒了。每天放学后,他都会和一些男孩子去酒吧,喝一杯威士忌。目前看来,他还不是一个酒鬼,也没有接近那个程度,但我看到了这种趋势,我很担心。目前我可以做些什么吗?

一个十八岁的小伙子开始喝威士忌,这说明他所处的环境中可悲地缺少了某些东西——酗酒总意味着对现实的逃避。

当然,我不知道他个人的烦恼是什么。我认为最好的办法是让他接受一些治疗,如果他同意的话。但如果他反对这个想法,那送他去治疗就是徒劳。你们,他的父母,不可能知道驱使他去喝酒的确切原因,但一个好的精神分析师可能会意识到某些隐藏的痛苦,这些痛苦促使他寻求"酒精逃避"。

一个受到良好生活哲学支撑的人即使遇到麻烦,也会敢于面对自己的个人处境。但一个自卑的人可能需要通过喝酒,才能有类似的勇气。如果一个人生性胆怯,喝几杯酒可能会让他感到勇敢;如果他的日常环境沉闷而俗气,几杯威士忌可能会让他进入一个更加激动人心的世界,在那个世界里,他是某个重要人物。强者面对酒精泰然处之，弱者则必须不停地喝酒，因为当他清醒时，现实世界对他来说实在是太过沉重了。

对于年轻人酗酒的情况，关注的焦点必须是：驱使你儿子喝酒的内在需求是什么？他觉得自己不如同伴吗？你们，他的父母，对他要求太高了吗？你们应该问问自己："我们的儿子想要忘掉什么？为什么？我们做了什么让他需要去酒吧寻求安慰？我们真的帮助他活得尽可能充实和快乐了吗？"我知道一些年轻人喝酒，是因为他们的父母一直在向他们唠叨该如何出人头地——"如果你想在生活中取得成功，就得书不离手。"

这些答案现在对你没有太大帮助，在大多数情况下，它们都来得太晚了。

不，在这种情况下，我建议做心理治疗。

化妆

我的女儿莎莉刚满十一岁。她现在所有的兴趣似乎都集中在打扮自己、试穿各种衣服上,并沉迷于各种化妆品。我认为像她这个年纪的女孩涂口红是不得体的,但她声称我们在迫害她。我怕她浓妆艳抹,戴上假睫毛什么的,会交上一些不好的朋友。你觉得呢?

不必担心她会交上一些不好的朋友——我的意思是勾引者和瘾君子。她这个年纪,没有任何一个青少年群体会接受她。

也许这个女孩觉得自己长相很普通,甚至很丑。也许在幻想中,她把自己当作某个电影明星。我一点也不会担心她,她要多少化妆品我就给她多少。

在我看来,她是一个不快乐的孩子,试图通过假装自己长大了来逃避自己的不快乐。她的学校、家庭,对她来说太沉闷了吗?唠叨她只会增加她的不满,让她讨厌自己的家和父母。这个女孩感到不被爱,觉得自己受到的批评多于赞赏,她现在正努力赢得关注。

这位母亲,如果你实在太担心了,我建议你买堆化妆品,在你自己脸上涂上厚厚的粉,戴上你能买到的最夸张的假睫毛,然后看看会发生什么。

父母要留住孩子的爱和理解，就必须让自己保持年轻。当孩子还是婴儿时，大多数父母很乐意做出牺牲。他们接受了这种必要性，让自己不睡着，能听到婴儿哭泣。但是当孩子长大后，同样的父母认为他们不需要做出任何进一步的牺牲。这时，青年的呐喊声会响起："你们落后于时代了。"

一个青少年的母亲可能会问自己：我是否会要求女儿做一些对她来说不合理的事，比如因为琼斯夫人要来喝茶，就要她把牛仔裤换成连衣裙？当她和一个我不认识的男孩出去时，我会焦虑吗？我会因为她的成绩唠叨她吗？

我怀疑你主要关心的是邻居和亲戚的看法。我要说：让邻居和亲戚们的看法见鬼去吧。如果你的女儿成长为一个不快乐的成年人，那些亲戚或邻居没有一个会在乎或承受你或你女儿的痛苦。世界上一半的孩子都是邻居意见的牺牲品。

我从没见过夏山的任何女孩使用化妆品，无论学生还是教职员工。深层答案不正在于说自由就是能够好好活着，不考虑别人是怎么想的吗？

衣物

露西·梅喜欢穿短裙、镂空长筒袜、比基尼式上衣和其他所有让我反感的连衣裙。我很担心她会吸引那些骄奢淫逸的人。我是一名三十九岁的寡妇,她今年十六岁。

我得伤心地说,这个女孩没有多少宝贵的家庭生活,因为她父亲在她两岁时就去世了,从那时起我就不得不养家糊口。我非常担心她的未来和发展方向。面对我所有的规劝,她说我太保守了,不懂时尚。

你说的骄奢淫逸的人是指会勾引你女儿的那类人。但有人曾经说过,一个巴掌拍不响。

你真正的恐惧是对性的恐惧。我觉得,男人不会被比基尼或镂空长筒袜吸引,而是被脸蛋和身材吸引,这种说法可能只能给你一个小小的安慰。你女儿试图让自己对男人有吸引力,就像她母亲在她之前一定做过的那样。

父母们必须意识到他们最终无法控制自己的孩子,孩子必须以自己的方式过日子。数以百万计的年轻女孩穿得"骄奢淫逸",但这并不一定意味着她们在性方面是随便的。

我们这些成年人必须忍受新一代的服饰。对我来说，皮夹克和收腿牛仔裤似乎挺没劲的，但我接受它们，就像我接受年轻人称之为音乐的噪声一样。据我所知，你在太长一段时间里选择女儿穿什么了，如果真是这样，她现在选择穿什么就是为了抗议。我建议不要管那个姑娘。让她做出自己的选择，无论是在穿着上还是在生活中。

你对肤浅感到不安。暂时假设你儿子是虐待狂或纵火犯，假设你不得不写信告诉我你女儿是小偷或妓女，那么你确实需要担心。但是担心露腿丝袜和风格大胆的泳衣？真的吗？！我知道对于大多数老一辈来说，要容忍他们晚辈的行为，接受他们的流行音乐、他们的长发、他们胸口画着画的毛衫等是多么困难。对我们来说，对披头士乐队的追捧是一种青少年神经症。但对年轻人来说，这是一种享受。我们与现实脱节了。

从来都是这样。在每一代人中，古板的成年人都认为年轻人已经失去了尊重、理想和目标。在一座埃及坟墓中，有一块石头得到了破译，尼罗河上某个虔诚的老人在上面哀叹——是的！这是在五千年前——当时年轻虚无主义者的任性。年轻人，他哀号道，正在走向堕落！我们更有理由去努力理解年轻人，不要惊恐地举起手来，也不要哭着说新一代是堕落的。我犹豫着要不要把我的灰白头发留长到十英寸[1]（并不是因为如果我这样做，邦德街的美发师愿意付十英镑来买它）。

我要说，让年轻人穿他们想穿的衣服——把手放下来！

---

1 约25厘米。——编者注

我儿子刚从大学回来，过去的半年里，他是大一新生。我们几乎认不出他了——他的头发又长又乱，衣衫褴褛。当我们提到这些事实时，他会皱着眉头走开，说我们在干涉他的自由。你怎么看？

你们的确在干涉他的自由。

又是"愚蠢的邻居们会怎么看"那老一套吗？或者你们有关于秩序和干净整洁的情结吗？成千上万的儿童和年轻男女因父母对琐事的焦虑而受罪。世界上到处都是头发又长又乱的年轻人，我难道要高呼：搞什么鬼，这个世界怎么了？

你更应该关心他头发下面的东西——他在想什么？他感觉怎样？

我讨厌父母们对生活中的琐碎小事和外在事物的这种永恒焦虑。一个身心均衡的人不会过分关注那些无关紧要的东西，比如衣服和头发。我认为在这么多来夏山的访客中，没有人会注意我是否打了领带，或者我需要刮胡子。他们来这是因为对我的教育方法很感兴趣，而不是作为《裁缝和裁剪》杂志记者来的。这应该是父母对孩子的态度，充分尊重他们的个性，而不是管他们时不时尚。

金钱

　　我十三岁的儿子是一个非常好的男孩，但显然缺乏长远打算。他似乎总是在挥霍他的零用钱。我们对此并不太介意，因为我们觉得这种钱就是为了随手花的。

　　但是大卫从亲戚那里得到了相当多的钱——作为圣诞礼物、生日礼物等，而且他似乎从来没有买过一件有用的或者可以持续用一段时间的东西，他也从来没有存过一分钱。他拿了十五美元或二十美元去商店，心血来潮地捡起一些他在一周或更短的时间内就会厌倦的破烂玩意儿。我们能做些什么让他看清现实吗？

　　伙计，我什么都想不到。在一个贪婪的社会中，你们的问题是普遍的。很久以前，在我自己的少年时代，我们没有零花钱。如果我们赚了一美分，也是通过帮在酒馆里喝酒的农夫牵马挣到的。这可要牵一会儿呢。那时候中产阶级和工人阶级的孩子根本没有地方花钱，因此无须面对诱惑。我们必须面对这样一个事实，即我们生活在一个全新的世界里，在这个世界里，对孩子们来说，一切都来得太容易了。"来得容易，去得快！"

　　今天，孩子们将零用钱视为一种权利，一种父母的义务。到处都能看到年轻人的消费冲动。当我还是个穷学生的时候，我很幸运地在一次报纸竞赛中赢得了四十美元，在 1910 年，这可是一个巨大的数字。这笔奖金让我在整个本科期间都衣食无忧。在同一时期，一位同学收到他叔叔留给他的五十美元，他开了个香槟派对挥霍了全部。现代青年似乎和他有着一样的心理。

你儿子花钱不节俭的深层原因可能是这个世界不确定、不安全的状态。"让我们吃喝玩乐吧，因为明天我们就死了。"青年不思考明天，因为他们觉得可能没有明天。我想，每一个美国的年轻人在看到越战伤亡名单时都会有一种深深的感受："这可能是我的未来，或者根本没有未来。"曾经的平安世界已经一去不复返了，甚至连金钱也不再那么安全了。

第一次世界大战后，一生积攒了十万马克的德国人发现，他们来之不易的积蓄只值十芬尼。在 1919 年，我乘一次电车花了大约五十万马克。我们的旧价值观不得不被抛弃。在英国，我们曾经有过"像房子一样安全"这样一句话，但在闪电战之后我们放弃了这个比喻。

我相信我们的教育是乱花钱的根源。乱花钱几乎完全没有创造性，除非我们买套工具或油漆。今天的学校教育几乎完全没有创意且非常无趣。年轻人很少买乐谱、画布、画架、锯子或木工刨，因为大多数学校几乎不做手工。这是一个袖手旁观的时代，一个付费给专业人士，让他们通过音乐、戏剧、电视和游戏来娱乐我们的时代。因此，一个没有创造力的年轻人会在汽车、摩托车、流行唱片等物件中寻找快乐。在一个富有创造力的社会中，披头士乐队可能会一蹶不振。

我知道这一切并没有帮助你们这对担心大卫的父母。你们唯一的安慰应该是时间本身可能会改变这个小伙子的价值观。建议和道德说教肯定是无济于事的。

我的学校里也有些学生手上有太多钱。他们中的大多数人和大卫一样——挥霍它。他们自己并不认为他们在浪费。

金钱可以具有一个象征意义,这在孩子不被爱的情况下变得很明显,父母通过经常向他们的孩子赠送昂贵的礼物来过度补偿他们爱的匮乏。据我所知,大卫可能觉得他在家里不被爱。显然,他买东西,然后又对买到的东西失去兴趣,这表明他正在通过"买买买"来寻求某种东西,某种财物无法满足的东西。

你们只需要默默忍受这一点就好了。请记住,唠叨这个男孩只会让事情变得更糟。

限制

我今年十四岁。我的父母非常严格,从不会让我做自己想做的事。他们禁止我的伙伴来家里玩。我能做些什么呢?

我想我至少收到过五十封来自美国青少年关于这种限制的信。嗯,你能做什么呢?谁能让你的父母意识到他们在不经意间把你的爱变成了无意识的恨呢?

我遇到的每个美国人似乎都在接受心理治疗,从我收到的男孩们和女孩们的信件来看,这并不让我感到惊讶。如此多的美国青少年感到自己被父母的禁忌和要求限制——"你必须学习,必须上大学,否则你将来找不到好工作。"不幸的是,在1865年授予奴隶的美国的所谓自由从未延伸到普通的美国儿童身上。

反抗

我非常沮丧，因为我十四岁的女儿是如此无情。在她这个年纪，我希望一个孩子对多年来一直爱她并为她付出一切的母亲有所关心。虽然我们表面上相处融洽，但她并没有真正和我交流。我觉得她非常自恋，丝毫不关心我的感受，也不关心我或她的兄弟姐妹们怎么样了。你认为会有孩子生来就缺乏感情吗，还是因为家庭内部发生了什么让她变成了这样？我们还有希望吗？

总是有希望的。

在每个家庭里，孩子都会经历一个必须摆脱家庭束缚的阶段。当然，专制家庭的情况更糟。能自我调节的孩子没有那么多要决裂的必要性。在这种情况下，这并不意味着这个女孩没有感情，而是意味着她所有的感情都变成了负面的。

但为什么呢？你们，她的父母，有没有用铁环把她束缚起来？你们有没有训斥过她，"你应该给你的兄弟姐妹做榜样"？

缺乏感情？我倾向于认为原因在于环境而不是遗传。我怀疑你的女儿觉得自己没有得到足够多的爱，也许她认为某些孩子比她拥有更多的母爱。这就是希望所在,但前提是你,她的母亲,去做点什么来改变你的态度。

我见过一些女孩脸上带着仇恨来到夏山。她们完全没法待在家里。然而她们最终都变了。看到她们面部表情如何改变并表现出温柔,真是一件令人高兴的事。我没有给她们做任何治疗;我只是退后一步,让她们做真正的自己。慢慢地,她们的刻薄就消失了。

如果一个女孩觉得她可以自由地做自己,而不会受到唠叨、批评或说教,同样的结果在家里也可以获得。

但如果父母内心不够自由,就不会成功。首先,父母必须确信他们之前的做法是错的。对于重新给予的自由,他们必须全心全意,毫无保留,不受内心怀疑的困扰。女孩必须觉得自己不是一个实验对象,而是父母的态度发生了根本性的改变。

> 我女儿十四岁,和我异常敌对。我完全不知道为什么。我的妻子也觉得我一直在以体贴周到的态度对待她。你能给一个困惑的父亲提供些建议吗?

几乎每个孩子都会在某个时候想要打破将他与父母绑在一起的情感锁链。大多数孩子对他们的父母都有某种羞耻感。一个女孩可能会为她的父亲感到羞耻——他在街上吐痰,他喝汤时声音很大,他在自己同伴面前说了一些让她难堪的话。大多数孩子都会走出羞耻阶段,最终克服落伍父母带来的烦恼。

试着放轻松点,尽量不要把你的个性或观点强加给你女儿。如果我女儿处于叛逆、挑父母错的阶段,我会避免和她说什么,除了一些小事之外——请把盐递给我。

有一点可能很重要：无论是在意识还是无意识层面，在孩子的记忆中，什么都不会消失。这个女孩可能是在对你在她四岁时说过或做过的事情做出反应。对此我们什么也做不了，过去的已经过去。然而，父母可以有益地问问自己：当她还是个小宝宝时，我是不是太苛刻、太严格、太可怕了？

还有其他方面。你和你妻子吵架吗？家里有爱吗？这个少女是不是觉得父母之间有些不太对劲？她是站在母亲一边反对父亲吗？还是她对你的情感固着太强，为了过度补偿，她不得不表达恨，而不是她压抑了的爱？一个合理的猜测是，你女儿觉得你对她的爱不够多，你对她的体贴周到是用来替代爱的。

无论如何，让她去吧。她最终可能会解决这个问题的。

我的儿子鲍勃今年十七岁。他似乎讨厌这个家，从不告诉我们他在做什么。如果他凌晨两点回家，我问他去哪儿了，他只会皱着眉头咕哝两声。我丈夫和我觉得我们已经失去了他。

我觉得是的，好女士，但是你们多年前就失去了他。你和你丈夫都没有和他成功建立起联系，没有让他觉得他可以信任你们。

我怀疑他一直在对你们撒谎。"你今晚去哪里了？"你们的儿子和一个女人出去了，但他不能告诉父母——所以他撒了谎。"我和吉姆一起去看电影了。"

孩子们总是对"坏"父母，对那些试图塑造孩子，试图教他们礼仪、行为规范，让他们服从的父母撒谎，为什么不呢？在英国，每周约有二十五名青春期女孩离家出走，无影无踪。

亲爱的女士，为时已晚。

青春期问题　　　　　　　　　　　　　　　　　　　　163

你的孩子有没有受到各种道德禁忌的殴打、摧残或限制？你强迫他信教吗？

但不要太自责。你们相信自己尽力了，你们天真地以为经验能从老一代传给年轻一代。这并不能！也许，你们自己的父母与你们保持着一定的距离，把你们当作他们双手可以塑造成型的东西。你们是苟延残喘了下来，但并不是每个孩子都乐于在陶轮上被旋转塑造的。

总之，振作起来吧！无论是对你们还是对你们的儿子来说，这并不意味着世界末日。许多小伙子一直对父母保持沉默，许多小伙子坚决对他们撒谎，所有这些男孩最终都没有成为黑帮分子或吸毒鬼。在我看来，你们的儿子现在正试着塑造他自己的生活。如果我是你们，我不会干涉。我不会再问他去哪儿了，或者他做了什么。

对他的父亲，我要说：试着在情感上与你的儿子取得联系。不要再做严厉的父亲了。你可以试着让他成为你的朋友——即使是到这么晚的时候。是的，你的朋友！如果你谴责他，训斥他，你将永远失去他。为什么不试试一种与你以前不一样的方式呢？在这一点上，你没有什么可失去的。这样说可能很残忍，但我猜这个小伙子在家里曾经渴望得到爱，现在在别处寻找爱。

家庭矛盾

父母之间的分歧

我丈夫对孩子们非常不耐烦。如果他们没有严格按照他认为和他期待的那种方式做出回应,他就会抱怨。爆发通常始于:"我小时候,如果我这样做,我的父亲就会……"我一次又一次地告诉我丈夫,他缺乏宽容,对孩子的影响很不好。他让他们充满恐惧,但他就是不听。更糟糕的是,他的这种态度根深蒂固。抛开这种关于服从、权利和义务的非常严格的观念不谈,他是一个好丈夫。他爱我,也爱孩子们。他养家糊口,在大多数事情上都表现得很聪明。我不想和他离婚,但我完全不知道该怎么办。劝他对孩子温柔些似乎是无望了。我应该和我的孩子谈谈,告诉他们我不同意他们父亲的这种态度吗?或者还能怎样?

这是一个可悲的情形——唉!也是一个很常见的情形。
任何有理性的人都不说这些没用的话——"我在你们这么大的时候……"一个真正充满活力的人会问自己,他在他们这个年纪时是怎样的。然后,剥去虚伪和自欺欺人,他一定会得出这样的结论,他年轻时和他的孩子们一模一样——叛逆、撒谎,有什么不好呢?

你的丈夫似乎认同他自己严厉的父亲。因此，他正在继续着这个恨的恶性循环。可怜的家伙，就像他曾经受到制约那样，他自然而然地制约着自己的家人。

你的问题中让我吃惊的部分是你说"他爱我，也爱孩子们"。爱与权威如何能共存？爱与恐惧如何能共存？一个将其管教理论置于对自己孩子的真正责任之上的人不可能真正爱他们——如果我们将爱定义为给予温暖的话。

你能做些什么？你问自己是否应该将这个分歧告诉给你的孩子们。我不知道他们的年龄，但你不必告诉他们；他们很久以前就明白这种情况——即使不在理智上，也在情绪上明白。这些可怜的孩子将因为这个缺乏真正的爱和安全感的氛围而终生遭罪。

关于离婚的利弊，我们无法武断。我不止一次看到孩子在父母离婚后，在紧张的家庭中一直压抑的氛围消失后变得更快乐。最好的结果是父母在没有恨或愤怒的情况下明智地分开，孩子轮流与他们度假。糟糕的情况是父母一方试图影响孩子去反对另一方。这很糟糕。当爱死去，被彻底的仇恨取而代之时，那将是十足的悲剧。

我无法为你或像你一样陷入困境的成千上万的母亲想出解决方案，过于严厉的父亲总是坏父亲，任何引起恐惧的父亲或老师都是对年轻生命的威胁。

人类遭受的诅咒之一是婚姻始于性爱和浪漫之爱，或者始于其中之一，当爱逝去时，生活并不总是会变成地狱。人们说，爱是盲目的，这是真的。一个信新教的女孩可能会爱上一个天主教徒，她的激情会淹没她心中任何关于孩子未来的微弱担忧。但是，当最初的激情变得奄奄一息时，她就不得不面对这样一个事实，即她曾承诺要在丈夫的信仰——在一种她不相信的信仰——中养育孩子。然后她就得付出可怕的代价。

在其他方面也是如此。激情的爱排除了一些应有的问题：他会成为一个严厉的父亲吗？他会让孩子们害怕吗？他是否决心按照他自己的形象去塑造他们？他是不是沿用他父母的座右铭——应该盯着点孩子，而不是去倾听他们？成千上万的不幸婚姻都是由于一方不了解另一方究竟是什么样的人造成的。在求爱过程中，我们把自己最好的一面——并不是故意如此，只是不自觉而已——拿了出来。

一种可能的解决方案是采用林赛法官的试婚法[1]。将第一年作为测试期；如果夫妇相处和谐，如果两个潜在的伴侣确定他们对生活和孩子的看法相同，再结婚。

婚姻作为一种制度是不完美的。它假定你们在二十岁时坠入爱河，并一直相爱，直到"死亡将我们分开"。成千上万的孩子因为父母不幸福的婚姻而活在不幸中。

在我们这个时代，像你们这样的情形始终无解；男男女女们只能继续受苦。斯特林堡的《死亡之舞》一剧呈现了一幅充满仇恨的婚姻的凄凉画面。不幸的是，婚姻作为死亡之舞在许多家庭里继续着。

> 我想，我丈夫和我的分歧与大多数夫妻一样多——不多也不少。有时争吵会变得激烈。确实，这种时候很少见，但当它们发生时，我丈夫会在孩子们面前肆无忌惮地发泄怒气。我会私下指责他，告诉他，不管有没有道理，他都没有权利在家人面前大发雷霆。我认为这对孩子有着非常有害的影响。
>
> 另一方面，他说他不是一台机器，当他感觉非常强烈时，

---

[1] 原文为 companionate marriage，也称为伴侣婚姻。——译者注

必然要做出反应，否则他就是不忠于自己。他说，如果必须发火的时候他不爆发，愤怒就会被强压下去，我们夫妻之间的关系会变得更糟。你会同意谁的看法？

即使你丈夫不爆发，我想孩子们也会觉察到家里的紧张气氛。也许他公开发泄情绪会更好一些。我不知道他为什么必须这样做，但我猜其中一些怒火本该在他办公室或商店，或者他工作的其他任何地方释放出来。问题是，由于怒气通常被发到其他地方，发泄怒火很少能对那个愤怒的人有所帮助。一个人受到自己老板的训斥，不敢愤怒地顶回去，回到家，就因为一些愚蠢的小事爆发了……借口是猫把客厅弄得乱七八糟，或者晚饭还没做好。

父母争吵的一个不幸之处在于孩子差不多被迫要站队。如果父亲是一个咆哮着的可怕的人，孩子们会不自觉地站在被吓坏了的母亲那一边。如果母亲对她的丈夫大喊大叫，后者自然会引起孩子们的同情。无论是哪种情况，这都非常让人苦恼。但我不知道对此能做些什么。

在已经发展到经常肆无忌惮的唇枪舌剑的情况下，与其让孩子在仇恨和恐惧的气氛中长大，拆散家庭更好一些。显然，这里并不是这种情况。

我有一个七岁的女儿。我相信自我调节，但丈夫说孩子必须受到严格管教，必要时还要受惩罚。这个问题的解决方案是什么？

我真希望自己知道。你可能同意分开，在这种情况下，法院可能会把孩子的监护权交给你丈夫。这种情况出现在成千上万的家庭中。像你们这样的家庭，你女儿一定不快乐并且缺乏安全感。谁是对的，妈妈还是爸爸？

这种情形绝不能对孩子隐瞒；即使你们私下争吵，孩子也会感到紧张、痛苦和敌意。

我收到过许多封像这样的信。在大多数情况下，父亲们都信奉严格管教。许多信件来自那些意识到父母之间存在冲突的孩子，这些信读起来让人心生怜悯。

关于婚姻，可恶的一点在于，爱情的盲目让恋人们意识不到所有那些潜在的问题。我们可以在一个嫁给天主教徒的女孩的例子中看到这一点，她知道但又无视了如下事实，即她将不得不同意在天主教信仰背景下抚养孩子。当她的浪漫爱情逝去时，她可能不得不面对一个痛苦的处境，可能会感到无能为力，觉得很悲惨。一个年轻的女人不可能知道自己的年轻丈夫可能会变成一个虐待狂或丑陋的专制主义者。

然而，在硬币的另一面，可爱的小宝贝妻子可能会变成一个整天唠叨的泼妇，一个经常打孩子的人。当然，这都是些老生常谈。每个人都知道可能会出现这样的情形。许多人不知道的是，这给那些担惊受怕、缺乏爱的悲惨的孩子带来的可怕后果，轮到他们做父母时，他们会倾向于在一场不幸福的婚姻中继续这一恶性循环，严格管教自己的孩子。

一个孩子除非感到安全，否则他注定要过一种神经质的生活。无论走到哪里，他都可能不自觉地再现自己家中的情形。他会不自觉地寻求不快乐。我发现我学校里那个想家的孩子来自一个糟糕的家庭，一个分裂的家庭。在他短暂的成长过程中，他经历过许多争

家庭矛盾

吵，许多恐惧和痛苦。出于某种令人费解的原因，他却想全然回到其中，这无疑是由于害怕远离这样一个不管多么糟糕，至少是他所熟悉的环境。有一个小男孩告诉我，他想回家，因为当父亲打母亲时，他想保护母亲。

当父母让自己的孩子感到害怕时，他们就是在害孩子。我看不出严格管教和爱之间有任何联系。一些在家里和学校里打孩子的天主教徒声称他们殴打身体是为了拯救灵魂，对我来说，这完全是反基督教的。"让小孩子到我这里来"——来挨顿打！——这是慈爱的耶稣和愚蠢的所罗门的巧妙结合。这些随意之举是错误的、危险的，并不是出于对孩子的爱。

全世界的儿童都被这种荒唐的方式所扭曲。学校里的恶霸常常很愚蠢，以至于他只能用自己的拳头来反驳所谓的侮辱，在许多家庭中可能也是如此。

挨打在未受过教育的人中比在受过教育的人中更常见，但我们都知道，对自己家人严厉的通常是一些医生、教师、律师和商人。

几年前，在英国，一位法官对违法的两兄弟说："如果以前你们每次表现不好，你们的父亲都狠狠揍你们一顿的话，你们现在就不会站在被告席上了。"结果后来发现，他们的父亲是一名前陆军中士，从小就一直狠狠揍他们。

野蛮和迷信似乎彼此有些联系。但一个人不需要打孩子就能让他们对自己感到害怕。大多数美国学校很少或根本没有体罚，但许多美国教师对孩子们大发雷霆，让他们发怵。整个问题的症结在于恨。除非我们呼吁大家一起来解决是什么滋生了恨这个可怕的问题，否则人们将一代代继续这样下去，来试图补偿自己年轻时曾经受到的挫折和不快乐。扼杀一个婴儿身上对于生命的爱，用各种说法训诫青少年，违法犯罪的大军招募到的人将会源源不断。

很抱歉我帮不了你。你丈夫需要严格管教和惩罚孩子，这是他恨的表现，只会在孩子身上产生仇恨。

我想把女儿送到夏山，但我丈夫坚决反对。幸运的是，我自己有收入，可以独自支付费用。你会接收她吗？

对不起，答案是不。夏山不会帮到她。每次放假，她都不得不面对父母对她的教育意见不一的事实；她会不知道自己该如何立足。如何立足（stood）只是个说法，事实上，她会因此停滞不前（still）。

如果家庭和学校有矛盾，孩子就不可能进步。不该要求孩子在两个系统之间进行选择；自由，就像和平那样，是不可分割的。

祖父母

我丈夫的母亲和我们住在一起。作为另一代人,她不认同我们养育孩子的理念。她不断告诉我们的女儿不要这样做,不要那样做,敦促她吃这个吃那个,除此以外,她也干扰了家里的气氛。对于如何对待我们的小莎莉,我们束手无策。我们不能把奶奶赶走。你有什么建议吗?

我能说什么呢?一个孩子成了一个老妇人陈旧观念的牺牲品。然而,不能赶老太太走。试图让她改变观念是无望的。

我看不出你们作为父母有什么解决办法,也几乎帮不到肯定处于冲突中的莎莉。孩子肯定会心想:"爸爸妈妈让我这么做,但奶奶说这是错的。"

唯一有希望的因素是,孩子肯定更喜欢父母的自由态度,而不是奶奶的反生命态度。

破碎的家

我丈夫离开了家。我们过不下去了,这次破裂是一系列争吵的最后一步。我们的儿子与他父亲非常亲近,在我看来,他父亲过度溺爱他了。现在恐怕男孩会觉得自己被他依恋的一个男性抛弃了。他非常爱我,但显然,我不是他父亲的替代品。我能做些什么来减轻这对于男孩的打击呢?

你应该相信你的孩子。不要说,"爸爸一直不在家,因为他得去芝加哥工作"。讲实话。"我和你爸已经彼此不爱对方,所以我们决定分手。"

如果你关于丈夫过分溺爱这个男孩的说法是对的,那么你家小伙子可能会对你怀恨在心。他可能会想:"如果妈妈对爸爸好点,他就不会走了。"

如果溺爱成为你和丈夫争执不休的话题,情况将会变得更糟。你儿子可能会觉得你一直在攻击他和他父亲。但我不认为你丈夫的离开本身是问题的核心。多年来,这个男孩一定已经觉察到父母之间越来越大的鸿沟了。这个家对他来说不可能是一个幸福的家。

解决办法之一是让男孩和父亲住段时间,和你住段时间。我经常有学生用这种方式来分配他们的假期,结果通常令人满意,这至少能解决部分问题。

你再婚本身并不能解决这个问题。很多男孩不接受继父,许多女孩也不会,总会有风险。恐怕这不是解决办法。

手足之争

昨晚,我提议全家人出去吃饭。我八岁的女儿想去中餐馆。我六岁的儿子想去熟食店。丈夫和我都没有任何特别的偏好:任何一家餐厅都可以。当我告诉女儿,如果我们去熟食店会让约翰尼开心,她噘着嘴说:"为什么要按他的来?"然后,当我想换到中餐馆时,儿子说:"为什么要按她的来?"你会如何调停这种情形呢?

为什么不把它变成一个公平的事,来投硬币决定呢?
有一天,我看到两个七岁男孩为他们找到的一部漫画争吵。
"我先拿到的!"一个说。
"嗯,但是是我先发现的。"另一个说。
我抛了一枚硬币。正面,归你;反面,归你。他们默默地接受了结果。
这种分歧几乎每天都发生在那些有小孩子的家庭中。就我而言,我会说:"今晚吃中餐,但是下次我们去熟食店。"每个孩子都得习惯接受"不"。所有那些投票给戈德华特的人都必须接受全国投票结果是他没当选。

每个家庭都有这个问题：妈妈更偏爱玛丽吗？在每个家庭中，都埋藏着很多仇恨，因为其中某个孩子觉得自己受到了虐待，受到了不公平的对待。通灵论者在降神会上说你故去的家人们会在一个幸福的地方等着欢迎你，他们大错特错。

孩子有一种特别敏锐的公平感。扔个硬币吧。

我们一家六口。孩子们之间经常发生争吵，但琼似乎比其他人吵得更频繁。如果家里发生争吵，她参与其中的概率是三分之一。六个孩子中的这一个怎么会比其他五个孩子觉得自己更难与同龄人相处呢？

我不知道。她可能觉得自己是这群人中最不被爱的。她可能内心有一种强烈的欲望，让她变得没耐心。我只是无法仅就这些事实得出什么看法。

我有两个孩子。玛丽五岁，她弟弟唐纳德三岁。有时，玛丽会无缘无故地走到唐纳德身边打他。小男孩会突然哭起来。看到他这样很可怜。我该如何处理这种令人困惑的局面呢？

两年前，我收到一封来自波士顿一位年轻母亲的信，她面临着与你完全相同的局面。她的家庭和你的家庭在每个细节上都吻合。她的孩子和你的同龄，女孩也是两个孩子中的老大。

每当她五岁的女儿打了三岁的弟弟时，这位聪明的母亲都会抱起小男孩、拥抱他、抹去他的眼泪。她从不责备，甚至也从不埋怨女儿，只是用尽可能温和的声音要女儿去玩过家家或者找点其他事情干。

她的最后一封信是这样写的:"我儿子现在七岁了。他非常依恋他的姐姐,她反过来也非常依恋他。他们很平和地在一起玩,彼此关心对方的状况和感受。手足之争的成分明显减少了。我不怀疑这个部分仍然存在,但我看到她的攻击性有所减弱,而男孩的态度意味着他已经忘了那些她曾经对他实施过的攻击。"

这是一个聪明的妈妈。她用了唯一可行的办法处理了这一局面。她深知,女儿无端攻击的根源在于姐弟之间的竞争。那位母亲知道责骂无济于事。她明白,如果她惩罚这个小女孩,只会加深她对弟弟的无意识怨恨,后者来到这个家里,降低了那个小女孩的重要性。

在夏山,不久前,一个小男孩与另一个孩子发生了争执。小家伙觉得自己输了,就捡了几块砖,打碎了十二扇窗户来发泄自己的怒火。他年轻的女舍监找到我,问他是否会在学校的全体会议上被指控并受罚。我说不会。我告诉她把男孩抱到膝盖上抱抱他,永远不要提"窗户"这个词。这个女舍监采纳了我的建议,男孩的怒气就这样平息了。也许他的小对头和他打过架,并不爱他,但肯定有一个成年人珍视他。

嫉妒在家庭里很常见。父母最困难的任务之一是避开偏袒这一指控。几乎每个孩子都会提出这个问题:"妈妈像爱我妹妹玛丽一样爱我吗?"据我观察,在父母心平气和的家庭里,孩子们很可能相处得很好,没有太多的争吵。孩子会模仿父母。如果父亲对母亲大发脾气,或者父亲对他们大发脾气,他们就会倾向于欺负比他们小的孩子。如果母亲爱唠叨,孩子很可能也会爱唠叨。

父母在把一个孩子和另一个孩子做比较时应该特别小心:"你弟弟乔治从不扯猫尾巴。""苏,为什么你不能像姐姐一样安静地坐着读书呢?"聪明的父母从不做这种讨厌的比较。

家庭矛盾

领养

我们应该告诉孩子我们是他的养父母吗?

是的,当然应该。如果你的孩子从小就体验过你们对他的爱,你们就没什么好害怕的了。大多数被领养的孩子都是他们亲生母亲不想要的。每个儿童心理学家都知道婴儿得不到爱的悲惨后果。在漫长的职业生涯中,我发现自己帮不了太多的是那些从小就没有被爱过的孩子。这些可怜的孩子一直带着怀疑、自卑和对情感接触的恐惧活着。自由可以改善这种饥饿的情绪状态,但不能完全治愈这种伤害。那些出现问题的被领养的孩子并不是真的在抗议自己的养父母,而是有一种更深的无意识的感觉——"我妈妈从来都不想要我。她抛下我,我永远恨她。"

我的一些被领养的学生曾经试着与他们的亲生母亲见面来重建关系,这从未成功过。他们见到的母亲是一个陌生人,而不是他们婴儿般的梦想中那个温暖、包容一切的母亲。我有点讨厌领养。

被领养的孩子必须被告知真相,无论他被领养时多大。如果你告诉一个六岁的女孩她是被领养的,如果她的养父母很好,很爱她,她很可能会忘记这件事;如果你隐瞒这个信息,以后会发现它带来的冲击可能产生严重的后果。一些养父母认为：婴儿在六周大时被收养，后来就可能永远不知道这件事。因此没必要告诉孩子。这很危险，因为孩子有挖掘秘密的方法和手段。我认识一个男孩，他在自己十六岁时发现了真相。他的养父母告诉我，在受到那次冲击后，在与他们的关系中，他变得冷漠和讳莫如深。说实话最保险。

正是因为担心那些被抛弃的孩子的未来，所以我完全赞成合法堕胎。堕胎对社会的危害远小于一个带着仇恨的孩子带来的。我们的反堕胎法由一些男人确立，这真说不过去。应该让已婚和单身女性们进行公投来决定堕胎是否继续作为一个应受惩罚的罪行。唉，我担心大多数女性也可能会反对堕胎。

当已经有亲生孩子的父母再领养一个孩子时，仍然可能存在风险。鉴于普通家庭中的强烈嫉妒，当一个五岁的孩子突然被带进其他七岁、十岁孩子组成的亲密团体时，会发生什么呢？那些必须与闯入者分享父母的爱和关注的孩子肯定会有一些充满冲突的情绪。

类似的情况也会发生在寄宿学校里——当一位已婚教师带着自己的孩子来学校上学时。我不止一次不得不要求一位已婚老师离开，因为他自己的孩子正在出问题。"爸爸妈妈全都是我的，但他们把所有时间都花在了五十个别的孩子身上了。"

我对老师和舍监们的建议是：永远不要让你们的孩子上你们工作的学校读书。我曾是我父亲乡村学校的学生，我比其他男孩更受罪，部分原因是我父亲不想表现出他对我的偏爱，部分原因是他对自己的儿子在行为和学习方面没有树立好榜样而感到愤怒。

孩子身上有某些不可思议的东西，似乎总有一种特殊的感觉。一个非婚生子不知道自己是私生子，但他会感到自己身上有些神秘之处。同样，试图向孩子隐瞒他们不再相爱这一事实的父母会惊讶

家庭矛盾   181

地发现孩子看穿了这一切,尽管他们试图通过叫对方甜心或亲爱的来掩饰这一局面。我们能对孩子隐藏的东西真的很少。在两个不同的例子中,我认识两个青春期的女孩,她们都是在父母婚礼前一个月出生的。她们的父母谎报了她们的出生日期,以便让她们不知道这个事实,但为什么她们最后会去登记机关要求查看自己的出生证明呢?这一定是要么出于某种特殊的感觉,要么出于某个听到过传言的人说的刻薄话。这个故事的寓意是要活得真实,要说真话。

父母的态度

昨晚，丈夫和我准备出门参加一个活动。我们家六岁的小男孩哭了起来。他不想让我们去，他说，因为他不喜欢保姆。保姆在外表上并不是一个吸人眼球的人，在智力上也不是一个巨人，显然有点缺乏想象力，但她看起来足够讨人喜欢。我们已经答应别人了，此外，我们预计晚上的活动会很有趣。然而，留下孩子在家哭，让我们感到良心不安。丈夫和我一直在谈论这件事，我们都不知所措。你能提供什么建议吗？

换保姆当然并不能解决当下——是与朋友外出，还是待在家里安慰小宝宝——这个问题。我和妻子觉得，如果是我们的话，我们会取消聚会，留在孩子身边，但我承认，某个特殊情况可能会让做出这样的决定变得很困难，作为父母，知道孩子正在家里哭叫，你们也没法真正享受那个活动。

当然，有些孩子在事情不合他们的意时会通过哭叫来欺负父母。另一方面，这个孩子可能觉得自己太过于经常地被留在家里，对他来说，保姆象征着自己被忽视，你所描绘的那个晚上可能是这个已经发酵了一段时间的局面的高潮。

保姆充其量只是一个帮手，父母付钱给她们，以便自己能参加一些家庭之外的活动；她永远也不能完全替代母亲。小孩子的父母不得不做出很多牺牲——他们的睡眠、社交生活以及各种小玩意儿。每对夫妇必须自己决定要做出多少牺牲。

治疗

恐惧

我儿子是个胆小的孩子。他对尝试任何新事物都很犹豫。必须鼓励,甚至是强迫他去尝试一些事情——无论是滑冰、新食物,还是只是安静地和保姆一起待在家里。他将如何克服恐惧并获得自信呢?

为什么要尝试滑冰或新食物?他为什么要选择它们呢?我的学校里有些男孩在十二年里从未踢过球或打过网球。

男孩害怕与新保姆待在家里,这表明他对父母的依赖太强。在他的恐惧背后可能是对父母不会回来的无意识焦虑。你所陈述的这些事实表明你想塑造你的孩子,告诉他如何生活、做什么、吃什么。不应该强迫孩子吃他不想吃的东西;除非孩子愿意,否则不应该强迫他去滑冰。

对于他的恐惧,我没什么可说的。我建议你去咨询一位优秀的临床心理师。可能曾经发生过很多事情,你可能不想忍受他了,他的父亲可能是一个严厉的管教者;他可能处在兄弟姐妹中某个外向的孩子的阴影笼罩之下。家庭的整体氛围可能是表象背后很多东西的原因。

两年前夏山来了一个新学生，一个非常害羞、见谁都怕的男孩，他说话差不多总是轻声细语的。昨晚，我打开办公室的门，对那个男孩大喊："汤姆，别吵得要死了！我没法和客人说话。"随着氛围的变化，那个男孩心中的恐惧消失了。

珍妮特十二岁，她怕水，即使在浅水池里也是如此。我觉得她应该去学游泳，但劝说无效，我还能做些什么来补救吗？

是的，如果你负担得起，就请个治疗师试着看看她为什么怕水。绝对不要试图说服她去游泳，那会使她的恐惧变得更严重。

可能有个已知的原因。说点我自己的事：我的祖父是被淹死的。小时候，祖母会站在沙滩上对我们大喊："别再往前走了，你们会被淹死的。"我们这些孩子都对溺水有恐惧情结了。我接受了很长时间的治疗才克服了对水的恐惧。如果被强行扔进游泳池沉沉浮浮，我很可能会变成一个比现在更无望的神经症患者。

我的学校里有些曾经怕水的孩子，几乎所有人都逐渐克服了他们的恐惧，成了优秀的泳者。

所以，父母们啊，不要建议、不要强迫，尤其不要叫他们懦夫。

为什么有些孩子胆小怕事，而且似乎生下来就如此？

我不知道。本书撰写时，由于心理学研究起步不久，我们对人的个性所知甚少。在同一个家庭中，一个孩子外向，而另一个内向。这是为什么？我们对产前的影响知之甚少，甚至一无所知。

也许一个孩子的胆小源于母亲在怀着宝宝的某个阶段的焦虑。

即使这个猜想是成立的,我们又怎能阻止一个胆小的孩子诞生呢?谁知道嘈杂的噪声是否会影响子宫里的孩子?谁知道一个孩子胆小是否因为母亲不想要他?我无法回答你的问题。

口吃

我家孩子口吃。丈夫和我都不明白这是为什么。你呢？

我也不明白。我只能猜测他在试图掩饰自己的性格，因为我从来没有遇到过一个口吃的学生在扮演其他性格的角色时会口吃。

我不知道如何治愈口吃，但我相信言语治疗师可能会对你们有所帮助。

心理治疗

> 应该给孩子做心理治疗吗？

这个问题专家们看法非常不一。以下是我对其价值的看法。

我对孩子们做了很多年的精神分析，后来我开始怀疑这个过程是否有必要。一个觉得自己神经质的成年人会自愿接受治疗，但没有孩子会这样做。这并不是说我治疗的孩子没有从精神分析中得到什么——他们确实得到了一些东西。每个人，无论老少，都希望有一个可以与之谈论自己的人。

倾听一个心烦意乱的孩子是一种爱的行为。这可能是如此多治疗取得成功的原因。我曾经想知道为什么一个人愿意到弗洛伊德派的分析师那里做分析，另一个人愿意到荣格派的分析师那里做分析，或到阿德勒派的分析师那里做分析。每个病人都有改善。这是不是因为他们都觉得治疗师给了他们想从自己父亲或者母亲那里获得的爱呢？

我怀疑对婴儿期记忆的揭示是否像分析师们宣称的那样重要。让一个情结的原因进入意识层面本身并不能治愈那个情结。如果对婴儿期记忆的揭示会带来原初创伤中同样的情绪反应的话，那么当然这种揭示可能会带来治愈。但很多时候,解释只会改变症状。一个人头痛,可能因为他的父亲总打他的头;让他意识到自己头痛的原因可能会使他的问题转移为腰痛。

有许多私人开业的心理治疗师,大多数情况下,他们接待的是那些有闲和有钱的人。如果世上的每一位治疗师什么都不干,只向父母教授儿童心理学,主要告诉他们不要对孩子做什么,那就不怎么需要任何形式的成人治疗了。许多精神分析师说过:"给成年人修修补补是不够的。我想毕生致力于预防,我将从母亲和婴儿开始。"

回到这个问题:如今,我相信自由。自由几乎在所有情况下都有效——尽管自由对那些在婴儿时期就缺乏爱的孩子来说并不完全具有治疗效果。

但是,不要让我准确地解释自由如何会治愈,我真的不知道。在夏山,我们曾经有一个十四岁的女孩,她来的时候脸色铁青,声音苦涩,一脸怀疑,曾经不止一次试图自杀。在我们的自治会议上,她总是投票为那些反社会分子开脱罪责。在夏山待了两年后,她会带着放松的身体和幸福的脸庞走来走去。到底为什么会这样,我说不出来。我只能说,当一个孩子在一个认可他的环境中,没有任何人告诉他该如何表现、如何生活时,好的一面就会自动显现出来。我可以举出其他许多类似结果的例子。

自由不是靠说而是靠做来支撑的。治愈一个想打碎玻璃窗的男孩的最好方法是笑着帮他一起摔盘子。我承认如果男孩的父母很穷的话,这不是那么容易。我曾经不得不袖手旁观,看着一个青春期的男孩弄坏我的精密车床,因为我知道,如果我干涉,他将把我认同为永远不会允许他进入自己工具房的那个军人父亲。

站在孩子那一边是最好的治疗。我承认自己对儿童临床工作中效果很好的游戏治疗一无所知,但我看不出梅兰妮·克莱因认为的每个孩子都该在四岁时做精神分析的意义所在。

一个在自由中养育的孩子根本不需要任何精神分析。

> 我是堪萨斯州一所小学的年轻教师。我目前正在进行精神分析。如果我告诉自己班上的孩子他们编的故事和画的画的象征意义,会在心理上帮到他们吗?

我的答案是一个大大的"永远不会"。我从自己的经历中得知,一个年轻的老师不得不用他所知甚少的东西来试验。

五十年前,我读到一本关于催眠术的书,并认为自己应该尝试一下,我就催眠了一个年轻女子。等她睡着了,我对她说:"再过两分钟,你就会醒过来,问我靴子(boots)多少钱买的。"

不到两分钟,她就醒了,看上去很困惑。"对不起,"她说,"我一定是睡着了。"

然后她静静地坐了一会儿。"哦,我的天啊!"她突然叫道,"今天早上我去镇上的时候,忘了给妈妈买阿司匹林了,当时我就在布茨(Boots)。"布茨是伦敦的一家大药店。

然后她的目光移到我脚上,一直盯着我的鞋子。"我有时在想你从哪买的这些宽头靴子,"她说,"花了多少钱?"我为自己的成功欣喜若狂。

下次我给她催眠时,我说:"3 576 856 乘以 588 等于多少?"她醒来时看起来神情很可怕。"哦,天哪,我头疼得要死。"她说。在那之后,我再也没有尝试过催眠。

班上的一个女孩画了一幅风景画:两边分别立着两棵高大的

治疗

树，有一棵是松树，这是父亲的象征，另一棵是舒展的栗树，母亲的象征。荒凉地伫立在中心的是一棵发育不良的树，象征着女孩。这幅画象征着女孩的处境：父母不再相爱，不开心的父母无法给予她足够的爱。但是，给孩子这样的解释有什么意义呢？这不会有所帮助。更糟糕的是，这甚至可能扼杀她对艺术的兴趣。

在这里我并不是说如果一位精神分析师告诉毕加索他的画作的象征意义，后者就会放弃艺术，因为艺术是他的核心。但并不是每个人都这样。

五十年前，我有一个同学是个很好的拳击手。他晚上去打拳时，我总是得陪他一起去，因为他害怕深夜走在伦敦的街道上。他去做了精神分析。作为一名拳击手，他有一个自己知道的坏毛病——总是把双手放下来。他向他的精神分析医生提到了这个习惯，后者向他解释说，他无意识中确实是在努力保护自己的生殖器……古老的阉割情结。那个小伙子再也不打拳了。

我的一个女学生写了一个关于父亲、邪恶的女巫（母亲）和美丽的年轻公主（她自己）的故事。父亲娶了公主——如果俄狄浦斯阴谋存在的话，这个就是。怎么敢有人介入，把那个故事解释给那个小女孩听，这将是可耻的。

古老的谬论仍然延续着，认为通过解释情结的起源，就能使其意识化，从而治愈情结。这不会！我反对告诉孩子他们所做或所说的任何东西的象征意义。象征的解释总是武断的。蛇是阴茎的象征？……公牛，象征着父亲？领带是阴茎的象征吗？谁能肯定呢？卡尔·荣格指出，阿拉丁神灯象征着阳具，因为一个人只需擦一下它就能得到世界上所有的快乐。

我在象征学的权威之一威廉·斯特克尔那里做过简短的精神分

析。他的梦境分析很吸引人，但对病人们的帮助有多大呢？

斯特克尔曾经提到过他去一个艺术家的工作室参加的一场聚会。谈话转向象征主义。斯特克尔说出自己的看法，但工作室的主人不同意。"胡说八道，斯特克尔，我一个字都不接受，"艺术家指着墙上的一幅画，"你的意思是说我画的那个静物有象征意义？"

斯特克尔戴上眼镜。"是的，这里就有。"

"什么样的象征意义？"

"啊，"斯特克尔说，"我不能当众告诉你。"

"胡说八道，"艺术家叫道，"这里都是朋友。说吧。"

"好吧，你画那幅画的时候，刚刚勾引了一个女仆，她怀孕了，你正在找一个可以私下给她堕胎的人。"

艺术家的脸色变得苍白起来。"我的天啊！"他喊道。这位伟大的象征主义者揭开了真相。

我问斯特克尔是怎么做到的。

"那幅画描绘了一张餐桌。一瓶波特葡萄酒溢出了——血液——象征着流产。盘子上的香肠看起来就像一个胎儿一样。"至于他是怎么想到女仆的，我记不得了。

解读象征就像玩一个愉快的填字游戏。我确信这样的解释很少能帮到病人。有人告诉我，如今许多精神分析师不再解释梦——那个西格蒙德·弗洛伊德称之为通往无意识的王道。

无论如何，一个教师永远不应该触碰象征。原因之一在于他缺乏专业训练。如果一个教师要运用心理学，他应该在行动中而不是在言语中。拥抱孩子比解释他的梦更能帮到这个年轻人。

我并不是说教师不应该学习心理学。这样做的人太少了。他们似乎在回避任何与情绪有关的东西，而心理学主要是研究情绪的。

创造性的活动是治疗年轻神经症患者的好方法吗？我指的是音乐、绘画，尤其是舞蹈。

四十多年前，当我在德国德累斯顿的一所学校任教时，我们有一个专门给十六岁及以上的女孩开设的韵律体操和舞蹈部门。我们经常举办独舞之夜。我突然意识到，这么多女孩选择群魔乱舞[1]，我开始思考为什么这些整天在运动中表达情绪的女孩会选择这个。那次经历扼杀了我之前认为韵律运动是有疗效的信念。

不，我不认为舞蹈、艺术或音乐本身具有疗愈作用。我想知道参加歌剧合唱团或在艺术、音乐学校学习的女孩中有多少是真正放松的。我们必须记住，大多数音乐、艺术或舞蹈学校里都没有真正的自由。女孩们在这些学校受到严格的管教。我能想象，杰出的俄罗斯舞者必须受到士兵般的训练。也许最不受严格管教的是那些站着画画的艺术生。

给予自由，让孩子们自由生活，他们都将从运动和节奏中获益。多年来，我看到孩子们学习跳舞——不是学狐步舞、探戈或转体舞，而是通过自由表达，通过即兴舞蹈。我的大多数学生都像大多数黑人那样跳舞——放松、即兴并且有节奏。所以让我们把这样的舞蹈、艺术和音乐交给孩子们吧——而不是落入训练、管教和形

---

[1] 德语 Totentanz。进入 15 世纪，一种诡异的骷髅画从法国向欧洲东北一带蔓延开来，它有一个阴森诡谲的名字——死亡之舞，经常出现在罗曼式和哥特式教堂的墙壁上。"死亡之舞"比天使报喜和耶稣降生的图像还要醒目：有时骷髅们开派对，张牙舞爪、随性起舞、形态各异；有时它们扮成上帝的信使，把亡者一个个从坟墓中拉出来，等候末日审判；更多的时候，它们牵着活人的手，排成一队跳集体舞。这里尼尔应该是在比喻的意义上使用这种说法，类似于中文中的"群魔乱舞"。——译者注

式上的俗套。

戏剧呢？通过戏剧表演能获得多少释放？好吧，戏剧可以产生令人惊讶的效果。我在学校里经常有些讲话结结巴巴的学生。然而，他们每次开始演戏时，就变得发音清晰，说话流利。我想原因在于通过扮演另一个人，结巴的人变成了一个正常的孩子。

这表明演员是一个远离自己真实个性的人。为什么不呢？难道我们不是都通过在看一场戏剧的过程中忘掉自己，或者通过阅读一本小说，或者通过看场电影，或者让自己喝醉来逃避些什么吗？

我们的思维是很容易前后不一的。我们支持一项保留绞刑的法案，下周日却去领圣餐。我们都对这种分裂行为感到内疚，我们每个人都有自己的一些情结。我很高兴在埃里希·弗洛姆的书中读到弗洛伊德无论什么时候去赶火车，这位伟人都要提前一个小时到达车站。

我不喜欢学校戏剧：以长着翅膀的天使或仙女教母为主角，充满道德意味、伤感的小故事。我强烈反对孩子演莎士比亚。他们并不懂莎士比亚，这是一种虚荣。

在夏山，男孩和女孩们自己写剧本，制作服装，搭建场景，进行演出。但学校里最精彩的表演是周日晚上的即兴表演，这种表演可以在任何学校进行。从简单的情景开始，我会提议类似这样的：聚集力量，推一辆沉重的手推车，演一个正在过马路的盲人。然后我继续说：向警察问路；给一个尖酸刻薄的医生打电话，不小心打到屠夫那里去了。一个男孩通过一些关于肝脏的混淆对白，完成了这项任务。

也许乐趣和机智对孩子们来说和表演一样有价值。这种表演让孩子们完全不紧张，他们没有担心会忘掉的台词。但我觉得这种夜

治疗

晚最适合那些对孩子们来说自由的学校。几个公立学校的老师告诉我，要让他们的学生失去自我意识并消除他们对失败的恐惧是很困难的。

是的，即兴表演非常有趣。我想单纯的乐趣与正式的舞蹈训练相比带来了更多的放松和释放。

内向

弗兰基十一岁。他整天读书，待在室内，脸色蜡黄。他不出去和其他男孩一起玩。我丈夫称赞他对知识的兴趣，但我认为这个男孩正在成为一个隐士。我能对丈夫和孩子做些什么呢？

弗兰基似乎夹在你们中间。他偏向哪一边？显然是父亲那边。我不知道你的丈夫是否对这个男孩抱有过高期望，他是否觉得缺乏教育曾经阻碍了自己的生活，因此他决定不让自己的儿子遭受这样的匮乏。我所知道的是，命令一个内向的男孩变得外向并出去玩是一个严重的错误。如果他的父亲鼓励这个男孩成为一个阅读者而不是一个行动者，我看不到有什么可以改变这个现状的办法。

几年前，一位教授的儿子准备到夏山就读。他的母亲给我写信说她很担心，因为这个男孩整日整夜地读柏拉图和普鲁塔克。他在夏山和我们一起待了几年，我见过他读的唯一文学作品是漫画。他现在是一位优秀的科学家。

我建议你什么也不做。有父亲的指导，你的儿子弗兰基有朝一日也可能会成为高尔夫公开赛的冠军。

最后的话

我目前在大学的最后一年,我想开办一所类似夏山的学校。您有什么建议可以给我吗?

(我能给的)只有给那些要结婚的人的潘趣建议[1]——不要。除非你准备好经历巨大的困难,并且有勇气面对并克服它们,否则不要办学。

少数人创办了类似夏山这样的学校,他们试图以夏山目前的状况为起点,却忘记我们已经有四十五年的试错经验了。我们必须慢慢发现自己能做什么、不能做什么。任何崇尚自由的新学校都将不得不面对这样一个事实,即第一批被送到那儿的学生很可能是家庭和传统学校无法处理的问题儿童。即使在今天,虽然夏山不主动宣称招收问题儿童,但仍有太多申请入学的新生属于这一类。父母通常不会告诉我们全部,毫无疑问是担心我们可能不会接收他们的孩

---

[1] 讽刺杂志《潘趣》(Punch)出版的《1844年画报年表》(Pictorial Chronology for 1844)和《1845年潘趣年鉴》(Punch's Almanack for 1845)中有对即将结婚的人的妙语建议:不要。——译者注

子。"我的孩子没问题，他只是不喜欢他的学校。"两周后，我们发现威利是个小偷和恶霸。当然，他一旦入校，我们就不愿送他回家，所以我们必须容忍威利，直到他变得更有人性。

你会接触到一些相信自由的父母，但只是理智上的，他们会无意识地反对学校的影响。当得知他们的孩子在你创办的学校里比在家里更快乐时，你将被迫与这些嫉妒的父母打交道。

在某些州，你可能会和一些宗教人士、性清教徒和厌恶身体的人打交道。在其他地方，当局可能会阻止你创办一所激进的学校，借口说学校经营场所不合适。

你会需要钱。1921年，我把学校从奥地利搬回英格兰时只有五个学生，其中三个支付了一半的费用，另外两个根本没支付任何费用。不过，我们学校坐落在一个海滨度假胜地，通过在暑假期间把学校变成寄宿公寓，我们勉强熬了过来。但我记得有一次路过一个商店，我还心想自己是否能买得起一把铁锹。

要提前收学费，否则你将陷入与我类似的因坏账而损失大量资金的不幸中。但是，唉，你大概会像我一样一直做个傻瓜，留着那些不付钱的孩子，只因为喜欢他们。

总之，你要敢于不在原则问题上妥协，否则你的学校注定要失败。自由要么全有，要么全无。你不能同时拥有自由和指导，所以永远不要称呼你的员工为"辅导员"。

辛格顿和普莱费尔的一本书《犯罪、惩罚和治疗》是对犯罪及其原因的调查。这是一本出色的书，公正且具有前瞻性，这本专著能让任何一个读者思考我们教育的价值。

我从不推荐任何关于实验心理学的书籍，这似乎是一门在大学教育里占有重要地位的学科，但我看不出关于在某些情境下老鼠会如何反应的研究与如何培养孩子的行为有什么关系。我承认,通过训练老鼠,就肯定可以让它们变得反常。但是我们已经知道,当孩子受到训练时,他们将不再是自然成长的孩子。我宁愿对老鼠的研究给对儿童教育中邪恶元素的研究让位。

我自己从来没有根据是否有大学学位来决定要不要任命一位老师,因为这样的身份象征并不足以让我相信这个人会自然地对孩子的天性有足够的了解。我宁愿让未来的老师阅读霍默·莱恩的《与父母和老师的谈话》,以及大卫·威尔斯的《扔掉棍子》,而不是让他们去上实验心理学课程。

对我来说,关于教育和心理学的很多书在风格上都是那么沉闷乏味,而且极其冗长。为什么大多数学者都避免行文简洁呢?一个没有受过教育的人会写信给当地的报纸,抱怨后院里的"猫音乐会"干扰了自己的睡眠,一个老学究可能会写信抗议猫科漫游者在夜间发出的一系列聒噪的声音。

此外还要看你本人是不是有教师资格。你必须了解你教授的科目并知道如何教授。在课堂上,善良是不够的,你必须有能力。此外,如果你想与孩子打交道,你必须坚决对抗现有的权力。我讨厌古英语,但我知道没有它,我就无法获得我的荣誉文学硕士学位——一个我用不上的学位,但那个学位保护了我,任何当局都不能插手说:"你没有资格当老师。"考试就在那里,如果你有胆量,就能从容应对。

把你的一些看法留在心里。我认识一些工厂里的年轻人,他们站在屋顶上公开宣扬他们的政治立场。他们被解雇了——(给出的理由)当然不是因为他们的政治观点,而是公司一心想减少开销。如果你到处说自己是无神论者或支持性革命的人,你就有危险了。

站稳脚跟以后，你才能想说什么就说什么。

你一定知道有一些人，一些不比我们更明智的人，有权力按下核武器按钮。然而，我们都习惯了婴儿阶段的控制，所以只是安静地坐在一旁，对这种可怕的情形袖手旁观。我们受到的规训也让我们大多数人不至于对野蛮的刑法、对我们称之为"教育"的愚蠢学问、对在一个很多人吃不饱的世界里花费数百万美元购买武器感到怒不可遏。正如我所说，你肯定知道我们生活在怎样的世界里，但如果你要创办一所激进的学校，你将会有许多东西需要应付，所以不要到处宣扬你对很多传统观念的批评态度。我不是让你变得虚伪，只是让你在我们这个体制世界中要小心谨慎。

研究儿童心理学，但不要追随任何权威。如果你是一个非常认真、冷峻的人，就不要办学。有一次我对一个正在做盒子的十四岁女孩说："你用太多钉子了。"她对我怒目而视。就在那时，我知道我失去了她，因为在她的一生中，人们一直在告诉她不要做什么。在那之后，我在她眼里就是个威权人物。学习儿童心理学唯一的好方法是通过经验，而不是阅读书籍。

另一个警告是：每个与女孩打交道的年轻小伙都应该注意那些神经质的青少年，他们容易投射自己的问题。拍拍在性方面有困扰的女孩的头会让她幻想你对她进行了性挑逗。在我几乎只与问题儿童打交道的那些日子里，当我看到有迹象表明某个女孩可能会将她的性情结投射到我身上时，我总是会去联系将那个女孩送到我这里的精神科医生。

如果你要办学，最好先结婚。一个没有性生活的老师总是有可能对一个十五岁的漂亮女孩产生无意识的迷恋——这句话适用于男女教师。

总之，要明白全世界的孩子都是一样的，他们都追求幸福、自由和爱；他们都想玩、玩、玩；然而，他们也都热衷于学习那些让他们感兴趣的事物。

不要绘制太多的蓝图，要愿意随着实际工作的开展做出调整。僵化的组织是开拓者的死穴。

这让我想起了那个地狱中的小恶魔惊慌失措地冲向自己主人的故事：

"主人！主人！发生了一件可怕的事，他们发现了地球上的真相！"

恶魔笑了。"没关系，小子，我会派人上去组织一下这件事。"